DAGUERRÉOTYPE
DES REINES

HISTOIRE UNIVERSELLE

DE TOUS LES PEUPLES CIVILISÉS,

Dédiée aux Têtes couronnées;

PAR

A.-M. REYBERT,

Ancien Chef de division de Préfecture, l'un des Fondateurs de la Caisse d'Épargnes de Marseille.

1

PARIS.

CHEZ Mme LEPAIGE, COUR DU PALAIS DE JUSTICE, 16.

—

1840.

DAGUERRÉOTYPE DES REINES.

HISTOIRE UNIVERSELLE.

IMPRIMERIE
SCHNEIDER ET LANGRAND,
1, RUE D'ERFURTH.

DAGUERRÉOTYPE

DES REINES

HISTOIRE UNIVERSELLE

DE TOUS LES PEUPLES CIVILISÉS;

Dédiée aux Têtes couronnées;

PAR

A.-M. REYBERT.

PARIS.

CHEZ Mme LEPAIGE, COUR DU PALAIS DE JUSTICE, 16.

1840.

INTRODUCTION

AU

DAGUERRÉOTYPE DES REINES.

L'histoire est le livre d'or de l'humanité, dont elle enregistre les souvenirs et les titres, les épreuves et les combats, les initiations et les conquêtes, pour en faire la leçon du présent, le phare de l'avenir; mais plus d'une fois la passion, l'intérêt, la haine, la vengeance ont dénaturé la haute mission de l'historien, et le phare de salut s'est transformé en torche incendiaire.

Après ces mots, et surtout avec le titre de l'ouvrage au front duquel j'attache ces lignes en forme de préface, est-il nécessaire de préciser les principes qui m'ont guidé dans la rédaction d'une *histoire universelle* où chaque empire, chaque royaume, chaque état, existant aujourd'hui, figurent dans un cadre resserré, mais en quelque sorte élastique, puisque les destinées des différents peuples du globe s'y éclairent mutuellement.

Ainsi, en trouvant, à côté l'un de l'autre, un tableau

rapide et fidèle des annales de la France et de l'Angleterre présentées dans leur unité respective, on comprend mieux la philosophie des événements, leurs résultats, leurs conséquences. A Bossuet seul, à l'aigle de Meaux pouvait appartenir cette vigueur de conception, cette puissance de génie avec lesquelles il a embrassé dans un seul regard les destinées confuses et pourtant harmonieuses de l'humanité. En prophète plus encore qu'en historien, Bossuet s'est placé sur le Golgotha, et s'appuyant contre la croix du Rédempteur, de ce sommet consacré il fait passer à ses pieds les pâles générations qu'il caractérise, qu'il célèbre, qu'il condamne par un trait, par un mot. Dans la même page, il transporte le lecteur d'un bout du monde à l'autre; au milieu de ce labyrinthe, il a pour guide le fil de la chronologie; du reste, les rois et les peuples, les événements et les institutions, les crimes et les vertus se heurtent, s'entre-choquent dans une ardente mêlée au-dessus de laquelle le grand historien fait planer la providence de Dieu.

Certes, on ne m'attribuera point la pensée de vouloir donner dans ce livre une faible contre-épreuve d'un chef-d'œuvre sans modèle et sans postérité. Ce n'est qu'en tremblant que j'ai pris le titre d'*Histoire universelle des Peuples civilisés;* mais il me sera facile de justifier la vérité de ce titre, en disant qu'au lieu d'une carte géographique, je trace une carte historique où chaque pays indépendant.

existant de sa vie propre, ayant sa nationalité, se trouve reproduit sous son aspect, avec les couleurs qui lui conviennent, depuis que les annales de ce pays ont offert quelque certitude jusqu'aux événements contemporains. Là, je m'arrête : l'histoire n'est pas un journal.

En me livrant à ce travail, pendant le dépouillement considérable, les immenses recherches qu'exigeaient ces fastes à la fois partiels et généraux de l'humanité, je me suis dégagé autant que possible de tout préjugé d'époque, de religion, de nationalité, de système. Des cadres de mes tableaux, je n'ai pas fait un lit de Procuste pour les hommes et pour les choses; avant tout, j'ai écrit dans la sincérité de mon cœur, sous la dictée de la vérité; la vérité n'a rien d'hostile.

En même temps, plus d'un fait mal apprécié, plus d'une difficulté qui me semblait insoluble, plus d'une physionomie chargée de nuages m'ont paru sous un jour lumineux, grâce au rapprochement, au contact de toutes ces dynasties, de toutes ces nations qui, ainsi mises en présence, révèlent à l'observateur l'unité la plus imposante, la plus féconde, même à travers leur apparente diversité, laquelle n'existe qu'à la surface. En effet, comme on l'a dit souvent : l'histoire n'invente pas, elle se copie.

Les nations ainsi que l'homme passent par les phases successives de l'enfance, de l'adolescence, de la jeunesse, de la virilité, de la vieillesse, de la décrépitude. Il en est qui meurent, qui disparaissent, qui s'effacent; mais la plupart se transforment, réalisant la poétique allégorie du phénix, qui se rajeunit dans les flammes du bûcher séculaire. Le phénix, c'est l'humanité.

De ce point de vue, on peut deviner et suivre d'avance tous les embranchements, tous les détours, toutes les sinuosités d'une œuvre multiple, dont le cercle n'a d'autres bornes que celles de la civilisation. Quant aux tribus du Nouveau-Monde, quant aux peuplades sauvages de la Polynésie, leur existence ne rentre pas encore dans le domaine de l'histoire; elle occupe exclusivement les recherches de ces hardis navigateurs qui suivent aujourd'hui les nobles traditions des Cook, des Bougainville. Toutefois je n'ai pas négligé l'occasion de jeter un regard sur les lois, les mœurs et la physionomie de ces races primitives lorsqu'elles se trouvent en relations amicales ou hostiles avec des peuples civilisés. C'était le moyen de donner à mon œuvre un caractère vraiment universel.

Les siècles antiques, comme on le conçoit, ne pouvaient pas entrer dans mon cadre; effectivement la France nous intéresse beaucoup plus que la Gaule. Cependant je me suis efforcé de recueillir quelques enseignements à l'aide des civilisations éteintes, mais non sans influence sur l'avenir, et qui ont tour à tour recommandé l'Assyrie, la Médie, l'Égypte, la Grèce, l'Étrurie et la ville de Romulus.

Enfin, si j'ai pris pour premier titre le mot de *Daguer-*

réotype, c'est qu'il fallait une expression essentiellement neuve pour donner une appréciation vraie du but que je me suis proposé d'atteindre. Le nom de M. Daguerre, consacré par tant de succès, mais surtout la merveilleuse invention par laquelle ce grand artiste vient d'opérer dans les arts toute une révolution, ce nom et cette invention réveillent l'idée d'un procédé qui force la nature à se reproduire elle-même, qui fait du soleil un collaborateur docile. Eh bien! l'histoire est à mes yeux comme une *chambre noire* où viennent se refléter les hommes et les événements; la vérité est le soleil moral de l'histoire.

Cette vérité, je l'ai toujours respectée même en plaçant mon livre sous l'auguste patronage des souveraines des divers états dont j'ai reproduit les destinées. C'est dire que toutes mes esquisses sont tracées d'un crayon chaste et pur, c'est annoncer en même temps que j'ai écarté les dissertations pédantesques, les citations grecques et latines, tout ce lourd bagage d'érudition que quelques historiens se plaisent à étaler dans leurs notes, et dont il vaudrait mieux s'approprier la substance pour nourrir et fortifier le texte du récit, sans lui rien faire perdre de son mouvement, de son animation.

Que dans notre siècle et dans notre France où la démocratie coule à pleins bords, d'autres se fassent les courtisans du peuple; qu'ils le flattent jusque dans ses excès; moi je crois qu'il y a de nos jours quelque courage à se manifester hautement le défenseur des idées d'ordre, de conservation qui ne peuvent exister que par l'union des rois et des peuples, que par la consolidation du pouvoir. Assez de ruines autour de nous; il est temps de relever, de protéger, de consacrer les institutions qui sont la sauvegarde des sociétés humaines.

Là se trouvent la sécurité du présent, l'espoir de l'avenir. Les résultats obtenus par les masses sont presque toujours la conséquence d'un effort, d'une lutte, d'une révolution; toutes les époques historiques l'attestent, et presque toutes sont écrites avec des larmes et du sang. C'est le volcan dont la lave ne féconde la campagne de Naples, et ne produit le vin délicieux de *lacryma-christi* qu'après avoir dévoré Herculanum, Pompéia et Pline; au contraire les résultats qui découlent du trône ressemblent aux rayons du soleil qui éclairent et fécondent sans brûler.

L'AUTEUR,

REYBERT,

Ancien chef de division de préfecture, secrétaire-général et sous-préfet.

Paris, le 1er janvier 1840.

DAGUERRÉOTYPE DES REINES.

HISTOIRE
DE FRANCE

EN NEUF TABLEAUX,

DÉDIÉE

A SA MAJESTÉ MARIE-AMÉLIE,

PAR

A.-M. REYBERT.

PARIS.

CHEZ Mme LEPAIGE, COUR DU PALAIS DE JUSTICE, 16.

1840

DAGUERRÉOTYPE DES REINES.

HISTOIRE DE FRANCE

DÉDIÉE

A SA MAJESTÉ MARIE-AMÉLIE.

INTRODUCTION.

Après les immortels travaux de MM. Guizot, Thierry, de Sismondi, je n'ai pas eu la prétention de faire une histoire complète des destinées de la France. C'est un tableau, ou pour mieux dire un dessin au trait qui indique les principaux événements, et esquisse les plus hautes figures de nos annales depuis les Gaulois jusqu'au 9 août 1830. Là, je me suis arrêté : car avec la dynastie d'Orléans le présent répond de l'avenir. D'ailleurs, en n'étant que vrai, je pourrais être suspecté de flatterie.

Dans cette course rapide à travers tant de siècles, dans ce dénombrement heurté de tant de générations, au milieu de tant de gloires et de triomphes entremêlés de revers qui ont aussi leur poésie et leurs enseignements, je me suis attaché avant tout à reproduire les grands faits qui constituent la physionomie de notre histoire nationale.

Le courage, l'impétuosité, l'esprit de conquête, le sentiment de l'éloquence, l'estime de Jules-César : voilà pour les Gaulois.

Sous la domination romaine, ces Gaulois n'abdiquent pas leur vieille bravoure; et le Capitole les voit aussi brillants dans les arts de la paix qu'il les avait vus terribles dans la guerre. Ces mêmes peuples, qui avaient dit à Alexandre de Macédoine, au vainqueur devant lequel *la terre se taisait* : « Nous ne craignons que la chute du ciel; » ces mêmes peuples fléchissent le genou devant les bienfaits de l'Évangile; une religion divine les console de la perte de leur indépendance.

Les Barbares arrivent; ils se partagent la Gaule; mais le christianisme a conquis ces farouches conquérants; et la *francisque* des rois chevelus pèse dans les destinées du monde moderne encore plus que l'épée du *Brenn* gaulois dans les destinées du monde antique.

L'Église chrétienne, source de toute civilisation, ancre de salut de l'humanité, l'Église chrétienne n'a pas de plus ferme appui que ces rois franks qu'elle adopte, qu'elle appelle ses fils aînés, et qui la protégent de leur poitrine comme d'un bouclier.

La grande voix de Charles-Martel dit aux flots débordés de l'islamisme : « Vous n'irez pas plus loin ! » Et devant les vieilles bandes austrasiennes vient expirer l'ouragan qui avait dévoré l'Espagne. Pepin et Charlemagne, en créant l'autorité temporelle des papes, achevèrent de préparer les merveilles du moyen âge dont saint Louis sera le type héroïque, la plus noble expression.

Les Franks enfin réunis aux Gaulois, retrempés par les Normands, forment le peuple français qui détermine les croisades, épure les nobles institutions de la chevalerie, et complète sa nationalité dans les grandes guerres contre les Anglais. A la fin de cette terrible lutte, la figure virginale de Jeanne d'Arc rayonne à travers les flammes du bûcher. Puis, c'est l'Italie, d'où François Ier ramène Léonard de Vinci et Primatice ; c'est l'Espagne qui commence avec nous ce grand combat qui se prolonge au milieu des horreurs de nos guerres civiles et religieuses, combat que termine Louis XIV en dotant l'Espagne d'un roi de sa race, d'une dynastie française, appelée également à régner sur les Deux-Siciles.

Les petits-fils de Louis XIV disparaissent emportés dans un orage ; le sang est caché sous des monceaux de lauriers, mais la gloire n'est pour la France qu'un deuil éclatant de la liberté ; et après quarante années de convulsions, de luttes, d'efforts, elle s'abrite enfin, notre belle patrie, à l'ombre de ce trône constitutionnel où ses vœux appellent le digne descendant du Béarnais, Louis-

Philippe, qui, pour le bonheur du présent et la sécurité de l'avenir, réalise ce rêve d'or entrevu par Platon : « *La liberté sous un roi.* »

HISTOIRE

DE FRANCE.

I.

ORIGINES GAULOISES. — CONQUÊTE ROMAINE. — INVASION DES BARBARES.

En histoire rien ne s'isole, tout s'enchaîne; le passé explique le présent, aide à deviner l'avenir; les Gaulois résument les Français.

Cette dénomination de Gaulois embrasse divers peuples d'origine, de mœurs, de religions différentes, réunis au besoin par les liens d'une confédération politique et guerrière, constituant, à l'aide d'éléments hétérogènes, une sorte de nationalité. Les premiers par ordre de date, ce sont les *Galls* qui, sortis de l'Asie, du plateau du Thibet, imposent le nom de Gaule à ce vaste continent borné par les Pyrénées, le Rhin, l'Océan, la Méditerranée, et qui, du côté des Alpes, comprenait la Savoie ainsi qu'une partie de la Suisse.

Viennent ensuite les *Aquitains* et les *Ligures*, qui abandonnent l'Espagne pour se fixer dans la Gaule; les *Phocéens*, qui fondent une ville grecque, Marseille, sur les côtes de la Ligurie; et enfin les *Kimris*, sortis de l'Asie comme les Galls; les Kimris, dont la sanglante invasion, six siècles avant l'ère chrétienne, complète les divers rameaux de la famille gauloise.

Galls, Aquitains, Ligures, professent une sorte de polythéisme dans lequel ils adorent les éléments; chez les Galls, les femmes étaient esclaves, elles n'avaient aucun droit politique et civil; la polygamie était en vigueur, et plus d'une fois, sur le moindre soupçon, les veuves d'un chef périrent au milieu des supplices. Au contraire, les Aquitains et les Ligures avaient apporté de l'Espagne dans la Gaule des sentiments de vénération et de déférence pour leurs compagnes. Annibal lui-même se soumit à la décision des conseils de femmes établis chez ces peuples; et les jeunes filles avaient la faculté de désigner leur époux, en présentant au guerrier de leur choix une coupe remplie d'eau pure, la coupe des aveux et des fiançailles. Telle fut la cause de la fondation de Marseille, autre Délos qui vint aborder sur la plage de la Méditerranée, et révéler à un peuple à demi barbare les merveilles de la civilisation grecque, toute la poésie de la religion d'Hésiode et d'Homère.

Quant aux Kimris, ils firent un dieu de leur chef Hésus qui les avait amenés dans la Gaule; après sa mort, ce conquérant reçut une grossière apothéose; et ses prêtres, appelés *Druides,* hommes des chênes, à cause des sombres forêts qui leur servaient de temples, lui sacrifiaient des victimes humaines. Les Kimris, ainsi que les anciens habitants de la Germanie, trouvaient dans les femmes quelque chose de divin; ils les consultaient souvent, et les superstitions populaires attribuaient aux druidesses le pouvoir de lire dans l'avenir. Sur les côtes de l'Armorique, dans l'île révérée de Seyn, résidaient neuf vierges consacrées au culte d'Hésus; on croyait que leur parole apaisait ou soulevait les flots de l'Océan.

Du reste, tous les Gaulois se distinguaient par une telle bravoure, que l'antiquité entière les représente comme étant nés pour la destruction des cités et pour la ruine des empires. Ce fut sous cet aspect qu'ils se révélèrent aux Romains dans la journée néfaste d'Allia, alors que, conduits par leur *brenn* (roi de la guerre), ils forcèrent le peuple qui s'était promis la conquête du monde à abandonner ses foyers. Pendant six mois, les vainqueurs d'Allia campèrent sur les débris de la ville éternelle, et ils ne se retirèrent qu'en emportant la rançon du Capitole. Rome déposa son or dans cette balance où le *brenn* jeta son épée en proférant ce cri qui devait plus tard retomber sur les Gaulois : « *Malheur aux vaincus !* »

Mais la Gaule ne fléchit sous les efforts des armes et de la politique romaines qu'après la plus généreuse résistance. Pour vaincre cette contrée, dont la chute fut le dernier soupir de la liberté du monde, il fallut le génie de Jules-César, et dix années de son existence ; dix années pendant lesquelles ce grand capitaine emporta d'assaut huit cents villes, soumit trois cents peuplades, soutint trente batailles rangées, et eut à lutter contre trois millions d'hommes, dont un tiers perdit la vie en combattant, et un tiers fut vendu sous la lance.

Avant la conquête romaine, le gouvernement de la plupart des états gaulois fut d'abord théocratique ; les druides des Kimris, les prêtres des Galls, des Ligures et des Aquitains dominaient les *Iarls,* ou chefs militaires. Les enfants de ces chefs formèrent ensuite un corps de noblesse, une aristocratie qui s'arrogea l'autorité ; mais peu à peu les masses s'éclairèrent ; réclamant une part de pouvoir, elles introduisirent dans l'état l'élément démocratique qui finit par élire les magistrats de la cité et les rois de la guerre.

Paternelle sous Jules-César qui ménagea les vaincus, l'administration romaine devait tout modifier et bouleverser au gré des *lieutenants impériaux*, des *procurateurs*, et enfin de ces *préfets* des Gaules qui enchérissaient encore sur la tyrannie des Tibère, des Caligula, des Claude, des Néron.

Désormais la nationalité gauloise ne fera que d'impuissants efforts pour se reconstituer ; Rome l'emporte, la *braie* et le *sayon* sont abandonnés pour la toge et le laticlave ; plus d'assemblées nationales à Bibracte, dans cette antique métropole de la confédération, devenue la ville d'Auguste (*Augustodunum*). Là, dans des écoles impériales, sous la direction d'habiles rhéteurs, les jeunes Gaulois viennent oublier leur langue maternelle pour s'exercer dans les secrets de l'éloquence latine ; et bientôt l'empereur Claude leur ouvre l'accès du sénat.

Cependant le sol se couvre de monuments pompeux : aqueducs, palais, temples, amphithéâtres, arches triomphales qui font de la Gaule une seconde Italie. Le droit de cité romaine est prodigné afin d'effacer les souvenirs de la vieille indépendance, afin qu'il n'y ait plus que des Gallo-Romains. Mais ces Gallo-Romains frémissent parfois sous le joug; quoique la chaîne des traditions soit brisée, ils n'imitent pas le sommeil des autres peuples de l'Empire; ils ont encore le privilége d'épouvanter les maîtres du monde; ils défendent leurs druides proscrits, les autels d'Hésus renversés, les forêts mystérieuses profanées par les légions de Claude; les femmes surtout se mêlent à ce généreux élan qui fut trahi par le sort, mais qui immortalisa le dévouement d'Eponine, l'héroïque épouse de ce Julius Sabinus dont elle embellit la retraite dans les cavernes de la Gaule, en attendant de partager à Rome son supplice.

Le poids de la tyrannie augmentait de jour en jour; les maux des Gaulois étaient intolérables; plus de patrie, plus de religion; car les genoux ne fléchissaient que par peur ou par cupidité devant les autels érigés en vertu de rescrits impériaux; une morne tristesse régnait dans tous les cœurs, et, comme pour ajouter au deuil général, déjà commençaient à poindre à l'horizon ces hordes de *Barbares* qui, semblables à l'avalanche des Alpes, allaient se précipiter sur le monde romain.

C'est alors que la douce lumière de l'Évangile vint briller aux regards d'un peuple qui accueillit avec transport ce culte divin auquel il était réservé de conquérir et de civiliser les Barbares. Comment les Gaulois vaincus, opprimés, n'auraient-ils pas sympathisé avec le christianisme qui transformait l'espérance en vertu, imposait la charité comme un devoir, et érigeait en dogme la croyance à l'immortalité de l'âme. Les destinées de l'avenir se trouvaient sauvées.

La Gaule, par sa situation, se vit exposée aux premiers flots de cette grande invasion qui, en l'an 241, couvrit l'Empire de ruines et de désolation. Malheureux comme ils l'étaient sous le despotisme des empereurs, les Gaulois ne résistèrent pas avec leur antique vaillance. Au fait, mieux valait pour eux la tyrannie brutale du Barbare que la tyrannie savante d'un Domitien. Les légions préposées à la garde du Rhin combattirent presque seules, les masses restèrent immobiles, et les milices urbaines s'émurent médiocrement.

Au commencement du cinquième siècle, la Gaule se vit ravagée dans tous les sens par des Quades, des Vandales, des Sarmates, des Alains, des Gépides, des Hérules, des Saxons, des Franks, se succédant, se heurtant comme les vagues de la mer soulevées par la tempête. La résistance était impossible. Rome et Constantinople avaient perdu tout leur prestige : il fallait se résigner.

Ces désastres duraient depuis six années, lorsque deux cents mille Burgondes, appartenant à la puissante nation des Suèves, se présentèrent dans les provinces orientales de la Gaule comme alliés de l'Empire, et, à ce titre, réclamèrent les privilèges de l'hospitalité militaire. Cette hospitalité leur fut accordée, et ils se dispersèrent chez les habitants, mais en conservant cette discipline qui faisait leur force (406). Quelques années après, les Burgondes, fatigués de leur existence précaire, demandèrent à leurs hôtes des terres et des esclaves; un pareil désir équivalait à un ordre; ils voulurent davantage. Leur chef Gondiker fonda un royaume comprenant l'Alsace, la Franche-Comté, la Bourgogne, le Lyonnais, le Dauphiné, la Provence et la Savoie, avec deux capitales, Genève et Vienne (413).

Rome ne pouvait s'opposer à ce démembrement; elle venait d'être saccagée par Alaric et les Wisigoths. Alaric était mort; mais son armée épouvantait encore l'Italie; il fallait l'éloigner à tout prix. Le faible Honorius paya de ses trésors et de sa dignité l'apparente soumission du successeur d'Alaric, d'Ataülf, auquel il donna pour épouse sa sœur Placidie, et pour proie la Gaule Narbonnaise.

Ataülf et ses Wisigoths, en qualité de *soldats fédérés* de l'Empire, réclamèrent eux aussi l'hospitalité militaire, dont ils se dégoûtèrent bientôt comme les Burgondes, pour se faire céder par leurs hôtes des terres et des esclaves, et créer ensuite un royaume indépendant.

Toulouse fut la capitale de cet état naissant (414), qui ne tarda pas à s'étendre au delà des Pyrénées : car les successeurs d'Ataülf affranchirent l'Espagne du joug des Suèves et des Vandales, mais ils ne la rendirent pas à l'empire romain.

Tandis que les Burgondes et les Wisigoths s'emparaient ainsi des plus belles contrées de la Gaule ; d'autres hordes de Barbares faisaient des provinces du nord le théâtre de leurs excursions aventureuses, de leurs continuelles dévastations. C'étaient les *Franks,* confédération de tribus de la basse Germanie, dont le nom ne signifie pas hommes libres, mais fiers, intrépides, féroces. Vers le milieu du troisième siècle, ils avaient commencé à paraître sur la rive gauche du Rhin; et telle avait été l'impression produite par leur courage, que les princesses frankes avaient été exceptées de la loi qui défendait aux empereurs romains de prendre une épouse dans les races barbares. Mais malgré cette exception, les Franks méprisaient les Romains et les Gaulois comme des êtres efféminés par les raffinements de la civilisation.

Toutes les tribus composant la confédération franke appartenaient à la famille germanique ; elles en avaient l'idiome, les mœurs et l'aspect. La guerre constituait toute leur existence. La guerre n'était pas seulement pour les Franks un moyen de déployer leur courage, de satisfaire leurs passions, de recueillir du butin, elle se rattachait encore à leurs croyances religieuses. Sectateurs du culte d'Odin, les Franks recherchaient les dangers comme le gage de récompenses éternelles ; la mort du champ de bataille n'ouvrait-elle pas au brave l'accès du *Valhalla*, de ce séjour de délices et d'enchantements, où les héros continuaient les combats qu'ils avaient soutenus sur la terre, où les *Valkyries,* vierges toujours belles, toujours jeunes, leur versaient l'hydromel dans le crâne d'un ennemi, façonné en coupe?

Et leur organisation physique, et leurs dogmes, et leur éducation, tout se réunissait pour entraîner les Franks au milieu des hasards des batailles. En général d'une haute stature, ils y ajoutaient encore en tressant leurs cheveux sur le sommet de la tête ;

ils portaient d'épaisses moustaches qui leur donnaient un aspect terrible ; un habit de toile dessinait toutes les formes de leur corps. Outre leur longue épée, ils se servaient d'une hache à deux tranchants, appelée *francisque*, qu'ils lançaient sur leur adversaire avec tant de force qu'elle brisait les cuirasses et les casques ; souvent ils engageaient les fers recourbés de leur pique (*hang*, *hameçon*) dans la partie supérieure du bouclier ; en même temps ils appuyaient le pied sur l'extrémité de cette pique, et la victime s'offrait sans défense aux coups de la redoutable francisque.

Chaque tribu obéissait à un chef indépendant, désigné par le suffrage des guerriers, mais choisi dans une famille privilégiée, dont la longue chevelure attestait la noblesse. Dès l'année 241, les Franks semblèrent dirigés par la pensée de conquérir les Gaules. Ils ne l'abandonnèrent jamais, même alors qu'ils se virent repoussés par les victoires d'Aurélien, de Probus, de Constance Chlore, de Constantin, de Julien. On eût dit qu'une grande voix les poussait sur cette terre qu'ils devaient en quelque sorte renouveler.

Faramond, Clodion, Mérowée obéirent à cette idée fixe, mais sans parvenir à fonder un établissement durable ; Childéric fut plus heureux, il s'empara de Tournai ; ses fautes le firent déposer par ses guerriers qui élevèrent au commandement un Gallo-Romain ; mais un ami de Childéric ménagea son retour, et lui rendit une autorité que ce prince transmit à Clovis, au véritable fondateur de la monarchie franke (481).

II.

CLOVIS ET LES ROIS MÉROWINGIENS.

Le conquérant et l'homme politique se rencontrent également chez Clovis. A la mort de son père il n'a que quinze ans ; autour de lui que compte-t-il ? trois ou quatre mille guerriers. Il attend que l'âge lui donne des droits réels au commandement. Alors, en 486, il s'unit à Ragnaker, chef des Franks cantonnés à Cambrai, et attaque Syagrius qui s'intitulait *maître de la milice romaine*. Les Franks sont vainqueurs; Syagrius fugitif se retire dans les états d'Alaric II, roi des Wisigoths; Clovis le réclame avec des menaces; Alaric livre son hôte à Clovis qui le fait égorger. Tout en commettant un acte de barbarie, le jeune prince frank montre la plus habile déférence envers un évêque catholique, réclamant un vase sacré compris dans le butin fait par les vainqueurs.

Il a menacé les Wisigoths, il choisit une épouse dans la famille des rois burgondes, et précisément le père et les frères de cette princesse ont été massacrés par l'ambitieux Gondebaud qui, des cadavres de ses parents, s'est fait autant de degrés au trône. A ce mariage préside encore de la part de Clovis une arrière-pensée politique: Clotilde est catholique, elle lui conciliera l'appui des évêques gallo-romains; en même temps elle lui donne des droits à la couronne des Burgondes.

Clotilde presse son époux de se convertir au christianisme, il hésite; il murmure en voyant mourir un de ses enfants qu'il a laissé baptiser par condescendance pour la reine; mais à la bataille de Tolbiac, en face d'une armée d'Allemands, au moment où les milices gallo-romaines commencent à plier, Clovis s'écrie : « Jésus-Christ, que Clotilde affirme être le Dieu vivant, j'implore » ton appui; si tu me donnes la victoire, je croirai en toi, je me « ferai baptiser en ton nom. »

Ce langage ranime le courage des Gallo-Romains; ils reviennent au combat; les Allemands hésitent; leur roi est tué; privés de leur chef, ils implorent Clovis, ils lui jurent fidélité. Le chiffre de ses guerriers se trouve doublé; mais la réalisation du vœu de Tolbiac va faire encore plus pour le nouveau chrétien : au lieu de quelques milliers d'hommes, il s'assure de tout un peuple : il s'attache par des nœuds sacrés et les évêques et les nombreux catholiques de la Gaule, dont le dévouement est d'autant plus vif que les Burgondes et les Wisigoths sont hérétiques, qu'ils suivent les doctrines de l'arianisme.

Ce fut le jour de Noël de l'an 496 que Clovis, sa sœur Arboflède et trois mille guerriers franks reçurent le baptême ; et lorsque Remy, évêque de Reims, lui dit : « Fier Sicambre, courbe la tête ; adore ce que tu as brûlé, brûle ce que tu as adoré ; » il pouvait ajouter : « Je te donne l'investiture de la Gaule. »

Que l'on ne s'y méprenne point : la conversion de Clovis est la source de la supériorité des Franks sur les Burgondes et sur les Wisigoths, bien plus nombreux, possesseurs de grandes cités, de la plupart des forteresses, ayant déjà jeté des racines dans le sol par près d'un siècle de puissance ; mais ces Burgondes et ces Wisigoths étaient hérétiques.

Ils avaient encore commis une grande faute que Clovis sut éviter. Ils s'étaient empressés d'adopter les mœurs des Gallo-Romains ; ils n'avaient pas entretenu avec soin l'instinct belliqueux ; déposant les armes, ils s'étaient livrés aux travaux agricoles, aux entreprises commerciales, à des professions mécaniques, à la culture des arts et des lettres ; la civilisation avait tué le Barbare. Au contraire, les Franks restèrent en armes sur le sol qu'ils avaient conquis, ils récoltèrent sans semer, sans travailler ; ils se délassaient de la guerre en se livrant aux violents exercices de la chasse. On eût dit qu'ils campaient ; mais leur camp, essentiellement mobile, s'avançait toujours étendant le cercle de leur domination. Et, par un de ces ménagements politiques qui démontre tout le génie de Clovis, les Gallo-Romains purent conserver les anciennes formes municipales qui régissaient leurs cités ; le *Grafio*, officier chargé de représenter le roi, se bornait à présider les assemblées des Franks où se rendait la justice, et à faire exécuter les ordres de son souverain. A côté de ce tribunal, dont relevaient les Franks, subsistait le tribunal de l'évêque qui jugeait les Gallo-Romains.

Mais ce n'était pas seulement dans la Gaule que s'étendait la sphère d'influence de Clovis, elle embrassait peu à peu toute la chrétienté, dont précisément il se trouvait le seul prince orthodoxe : aussi le pape Anastase lui écrivait : « *Votre foi est notre victoire.* » — Mot encore plus vrai, si on l'emploie dans un autre sens. — Sa foi faisait ses victoires.

Voilà ce qui arriva dans la guerre qu'il entreprit contre les Wisigoths. A l'assemblée du Champ-de-Mars, où, selon les vieux usages germaniques, se réunissaient tous les guerriers franks, Clovis se contenta de leur dire : « Je souffre de voir ces ariens maîtres d'une partie des Gaules. Marchons avec l'aide de Dieu ; et soumettons le pays à notre pouvoir. »

Les Wisigoths furent effectivement vaincus à Vouglé (507) ; Alaric II périt sur le champ de bataille ; sans les secours envoyés par Théodoric, du fond de l'Italie, c'en était fait de la puissance des Wisigoths sur le sol de la Gaule.

D'un autre côté, il avait déjà forcé les Burgondes à devenir ses tributaires ; Paris était sa capitale ; le trône de Gondebaud se trouvait ébranlé ; le moindre effort suffisait pour le renverser. Clovis tourna alors ses coups contre ses anciens alliés, contre ses parents, ses amis, les chefs des autres tribus frankes, établies dans les Gaules. Sans doute en agissant ainsi, il foulait aux pieds les sentiments de la reconnaissance, et les lois de la religion ; mais il suivait son instinct dominateur ; il consolidait à tout prix, par tous les moyens, ses conquêtes ; il fondait une dynastie, plus qu'une dynastie, une nationalité.

C'est ce que l'on comprend à sa mort, en 511, lorsque l'on voit les quatre fils du conquérant se partager tranquillement la Gaule ; seulement dans ce partage de la puissance paternelle, il n'y eut pas égalité de possessions territoriales entre les jeunes rois ; peu leur importait. Là ne résidait pas leur véritable force. Ils s'attachèrent plutôt à répartir également le nombre des guerriers qui devaient leur obéir.

L'aîné, Thierry ou Théodorik eut l'Aquitaine, la Narbonnaise, la première et la seconde Belgique, le cours du Rhin de Bâle à Cologne, et la *France* d'outre-Rhin ; à Chlodomir échurent l'Orléanais, la Beauce, le Maine, la Touraine et le Berri ; à Childebert, Senlis, Meaux et l'Albigeois; à Clotaire, la Picardie et une partie de l'Aquitaine : les capitales de ces singuliers royaumes, à la formation desquels avait présidé la plus grande ignorance géographique, étaient Metz, Orléans, Paris, Soissons.

Une expédition contre les Thuringiens dirigée par Thierry, qui s'allia avec Clotaire, prouva aux Allemands que les Franks n'étaient pas dégénérés de leur ancienne valeur. Pendant cette expédition, Childebert voulut profiter de l'absence de son frère aîné pour s'emparer de l'Auvergne; mais le retour de Thierry arrêta Childebert, que réclamaient des soins plus généreux. Sa sœur Clotilde était devenue la femme du jeune roi des Wisigoths, du fils d'Alaric II, mort à Vouglé. Loin d'être heureuse dans cette union, Clotilde se voyait chaque jour en butte aux mauvais traitements de son mari et aux insultes des Wisigoths. Elle recueillit un jour sur un voile le sang qui s'échappait de ses blessures, et elle chargea un berger de porter ce message de douleur et de vengeance au roi Childebert qui réunit aussitôt ses guerriers, vainquit les Wisigoths et délivra sa sœur après avoir pillé Narbonne. Le roi Amalaric s'enfuit en Espagne où il périt victime d'une émeute. Quoique bien affaiblie, la monarchie des Wisigoths conserva encore quelques vestiges de son ancienne puissance.

Quant aux Burgondes, dont deux rois, Sigismond et Godemar, furent successivement vaincus par Chlodomir, Childebert et Clotaire, instruments des vengeances de leur mère Clotilde contre les fils de Gondebaud, ils cessèrent d'avoir une existence indépendante. Ce royaume fut partagé entre Childebert et Clotaire.

Dès lors toute la Gaule, excepté la Septimanie, se trouva sous la domination des Franks (534).

C'est ici le plus beau degré de puissance où soit parvenue la dynastie mérowingienne. En effet, de sanglantes rivalités n'ont pas encore affaibli les Franks; ils ne sont pas divisés en états ennemis; malgré les jalousies qui s'élèvent entre leurs souverains, malgré la cruauté avec laquelle Clotaire a massacré ses neveux, les fils de Chlodomir, les guerriers sont unis; les dispositions du *pacte salique* suffisent seules pour prouver cet état de concorde, cette fraternité.

Le pacte salique était la loi organique de la confédération franke; cette loi, discutée dans trois *mâls* ou conseils par quatre hommes d'une haute sagesse, le Gast de Wise, le Gast de Bode, le Gast de Sale, le Gast de Winde, reçut quelques modifications après les conquêtes et la conversion de Clovis. Les rois Childebert et Clotaire y apportèrent aussi des amendements. Enfin traduit en latin, et divisé en soixante-douze articles, le pacte salique forma le code d'un peuple éminemment guerrier, chez lequel la civilisation se remuait à peine.

Dans le prologue comme dans les articles de cette loi perce le caractère sauvage des sectateurs d'Odin, balbutiant encore le langage de l'Evangile. Toujours se manifeste le Barbare; il semble se complaire dans sa rudesse; il marche dans sa force, dans sa liberté; il ne s'absorbe pas avec les vaincus, il ne s'identifie pas au sol : on sent que la Gaule, malléable et ductile, cédera à l'énergie de l'élément frank.

On a attribué à la loi salique une disposition qui n'y est point contenue au sujet des femmes et de leur exclusion du trône. C'était un fait établi chez les Franks; la royauté, purement élective, ne pouvait se déférer qu'à un homme : aussi la loi se tait à cet égard ; elle dit seulement que la femme ne prétend à aucune portion de la terre salique, parce que ce n'est pas elle qui se bat et qui conseille.

Du reste, les Franks avaient les plus grands égards pour les femmes; ils suivaient sous ce rapport les traditions de tous les peuples germaniques, chez lesquels on rencontrait beaucoup de prophétesses auxquelles l'opinion publique accordait une puissance surnaturelle.

Ce qu'il y a de réellement remarquable dans la loi salique, c'est le prologue qui la précède, ainsi que les articles qui fixent le prix de l'homme et la peine du sang. Quelques citations feront comprendre toute l'importance de ce vieux monument historique.

FRAGMENTS DU PROLOGUE DE LA LOI SALIQUE.

« La nation des Franks, illustre, ayant Dieu pour fondateur, forte sous les armes, ferme dans les traités de paix, profonde en conseil, noble et saine de corps, d'une blancheur et d'une beauté singulières, hardie, agile et rude au combat, depuis peu convertie à la foi catholique, libre d'hérésie; lorsqu'elle était encore sous une croyance barbare, avec l'inspiration de Dieu, recherchant la clef de la science; selon la nature de ses qualités, désirant la justice, gardant la piété; la loi salique fut dictée par les chefs de cette nation, qui en ce temps commandaient chez elle.....

« Vive le Christ qui aime les Franks, qu'il garde leur royaume, et remplisse leurs chefs de la lumière de sa grâce; qu'il protége l'armée; qu'il leur accorde des signes qui attestent leur foi, les joies de la paix et de la félicité; que le Seigneur Christ-Jésus dirige dans les voies de la piété les règnes de ceux qui gouvernent : car cette nation est celle qui, en petit nombre, mais brave et forte, secoua de sa tête le dur joug des Romains, et qui, après avoir reconnu la sainteté du baptême, orna somptueusement d'or et de pierres précieuses les corps des saints martyrs que les Romains avaient brûlés par le feu, massacrés, mutilés par le fer, ou fait déchirer par les bêtes féroces. »

Comme on le voit, ce prologue est empreint d'un mouvement lyrique et passionné qui, à travers la récente conversion des Franks au christianisme, rappelle les formes chères aux Scaldes de la Scandinavie, poëtes guerriers dont les chants respiraient le feu des combats.

La même influence et l'orgueil du *moi*, de l'individualisme du Barbare, éclatent encore mieux dans ces articles de la loi salique :

« Si quelque homme libre a tué un Frank, ou un Barbare, ou

un homme vivant sous la loi salique, il sera jugé coupable au taux de deux cents sous.

« Si un Romain possesseur (ayant des biens dans le canton où il habite) a été tué, celui qui sera convaincu de l'avoir tué sera jugé coupable à cent sous.

« Celui qui aura tué un Frank, ou un Barbare, dans la *truste* du roi (service de confiance), sera jugé coupable à six cents sous. Si un Romain, convive du roi, a été tué, la composition sera de trois cents sous. »

Cette inégalité a quelque chose de caractéristique; elle explique, car les chiffres ont aussi leur éloquence et leurs révélations, elle explique comment les Franks triomphèrent des Burgondes et des Wisigoths. Ces deux peuples s'étaient empressés de fléchir le genou devant les Romains, dont ils copiaient les mœurs, dont ils reproduisaient les lois, tandis que les Franks se plaçaient dans une sphère tellement supérieure; et y rangeaient les autres Barbares. Cette inégalité leur vaut mieux que vingt victoires. Et même sur le champ de bataille, elle exercera un mystérieux ascendant, en faveur du peuple dont le sang est estimé à un prix si élevé. Un guerrier frank s'évaluera plus que deux Romains, conviction qui seule suffira pour lui donner une supériorité réelle.

Il ne faut pas conclure de ces dispositions de la loi salique que les Gaulois étaient plus malheureux sous le joug des Franks que sous celui des Romains. D'abord, Clovis et ses successeurs immédiats ignoraient complétement ces exigences fiscales dans lesquelles excellaient les agents des empereurs. Sans doute, les Franks vivaient dans la Gaule comme une armée d'invasion, aux dépens du pays conquis; mais leurs besoins une fois satisfaits, les limites mêmes de ces besoins les rendaient étrangers à cette insatiable avidité que provoquait le luxe effréné de la Rome des Césars. D'ailleurs, il n'y avait sous Clovis et sous le règne de ses enfants aucune forme de gouvernement régulier; dès lors ni capitations annuelles, ni indictions, ni superindictions, ni taxes supplémentaires : toutes choses si intolérables, qu'elles avaient rendu la propriété un fléau, dont les Gaulois cherchaient à se débarrasser afin de se soustraire à la rapacité du fisc impérial. Les villes avaient fini par posséder les deux tiers du sol que les hommes libres abandonnaient en cherchant à se réfugier dans la nullité de l'esclave, sans pouvoir y parvenir : Rome enchaînait les populations, et les accablait sous les doubles liens de la liberté et de la propriété.

La première effervescence calmée, les Gaulois respirèrent donc sous une domination plus nominale que réelle, et qui épargnait les campagnes en ne frappant que les villes où les guerriers franks avaient soin de s'agglomérer pour ne point perdre les avantages de la discipline militaire et de la concentration des forces.

Cependant les événements ne s'arrêtaient pas dans la Gaule ; Thierry et Clotaire renouvelaient leur alliance pour conquérir la Septimanie, expédition que les deux rois confiaient à leurs fils respectifs : Théodebert et Gonthier. La mort de Thierry suspendit la marche victorieuse de Théodebert à travers les provinces des Wisigoths. Ce prince, quittant le midi de la Gaule, accourut dans les états de son père, que voulurent vainement lui disputer ses oncles ; l'affection de l'armée fit valoir ses droits ; et, au milieu de l'enthousiasme unanime, il reçut le sacre guerrier d'un peuple de guerriers, il fut porté sur un pavois par les *Leudes* les plus braves du royaume.

Il paraît que la renommée de ce prince se répandit jusqu'en Orient. Justinien, dont Bélisaire avait illustré le trône, et auquel de savants légistes préparaient une palme encore plus durable que celle des combats, Justinien rechercha l'amitié de Théodebert. Ces relations avec Constantinople firent pénétrer chez les Franks un reflet du luxe oriental, premier germe de mollesse et de dégénérescence pour la dynastie mérowingienne.

Avec Théodebert s'ouvre l'époque héroïque de l'existence des Franks ; leurs bandes aventureuses passent en Italie, où tour à tour elles combattent contre Vitigès, roi des Ostrogoths, et contre l'armée impériale commandée par Bélisaire. Ce grand capitaine est réduit à acheter leur inaction. La cour de Constantinople fait plus : afin d'éloigner du sol de l'Italie ces redoutables adversaires, elle leur cède les droits de l'Empire sur la Septimanie.

C'était une cession illusoire ; mais les prestiges du passé ne se trouvaient pas entièrement abolis ; Childebert et Clotaire se précipitèrent sur la Septimanie, d'où ils passèrent en Espagne, sans y obtenir aucun succès.

Théodebert mûrissait un plan plus vaste : il avait deviné la faiblesse des empereurs de Constantinople, malgré tout l'éclat des triomphes de Bélisaire ; il s'était dit qu'un homme, quelque grand qu'il soit, ne sauve pas à lui seul un empire ; aussi le jeune et ambitieux monarque se disposait-il à suivre la vallée du Danube, et à paraître menaçant sur les rives du Bosphore, lorsqu'une mort prématurée vint trancher le fil de ses jours (547). Son fils Théodebald lui succéda, ou plutôt languit sept ans sur le trône ; et pendant son règne, de nouvelles bandes de Franks passèrent en Italie, où elles ne rencontrèrent aucune résistance ; mais le climat et les excès finirent par dévorer ces hommes du Nord, auxquels manqua un chef politique pour fonder un nouvel empire.

A la mort de Théodebald, Clotaire s'empara des états de ce prince (555) ; il recueillit également l'héritage de Childebert (558) ; le plus jeune des fils de Clovis se trouva ainsi maître de la Gaule, la Septimanie exceptée ; et de la Gaule relevaient comme tributaires la France germanique, l'Allemagne, la Bavière et la Thuringe.

Clotaire ne jouit pas longtemps de cette puissance qu'il avait si vivement ambitionnée ; la mort le trouva presque rebelle à ses lois ; et, dans son indomptable orgueil, il se demandait sur son lit d'agonie : « *Quel est donc ce roi du ciel qui fait ainsi périr les puissants rois de la terre* (561)*?* »

Encore un partage entre quatre princes, fils et successeurs de Clotaire Ier, partage décidé par l'intervention du sort, qui donna à Charibert l'Aquitaine et Paris ; à Gontran, la Bourgogne et Orléans ; à Chilpéric, la Neustrie et Soissons ; à Sigebert, l'Austrasie et Reims; mais Reims ne fut pas longtemps la capitale de l'Austrasie; Sigebert, à cause des provinces germaniques qui dépendaient de son royaume, préféra Metz dont la situation était plus centrale.

Ces distinctions de Neustrie et d'Austrasie, *couchant* et *levant*, voilà ce qui établit une ligne de démarcation entre les Franks, dont l'unité se brisa, dont les liens se rompirent à la suite des sanglantes luttes de Chilpéric et de Sigebert, luttes que déterminèrent deux femmes, en faisant peser leur influence sur les destinées des Mérowingiens.

Des ambassadeurs de Sigebert se rendirent en Espagne auprès du roi Athanagild, et lui demandèrent pour leur souverain la main d'une de ses filles, de la princesse Brunehault. Cette mission réussit; et Brunehault, parée du triple éclat de la jeunesse, de la puissance et de la beauté, fut accueillie avec passion par son jeune époux, auquel elle apporta en dot d'immenses trésors. Les Wisigoths étaient encore plongés dans les erreurs de l'arianisme; mais les paroles du roi et les conseils du clergé décidèrent Brunehault à abjurer l'hérésie de ses pères.

Cette conversion détermina entre les deux époux une si touchante sympathie, que Chilpéric voulut imiter l'exemple de son frère. Il envoya aussi des ambassadeurs en Espagne afin d'obtenir pour épouse la sœur de Brunehault, la princesse Galswinthe. Ses vœux furent exaucés; comme sa sœur, Galswinthe abjura l'arianisme. Mais une ancienne maîtresse de Chilpéric, l'artificieuse Frédégonde, employa toutes les ressources de son esprit pour troubler cette union. Dans l'excès de son malheur, la reine de Neustrie demanda à retourner en Espagne. Ce n'était point là le calcul de sa rivale; Frédégonde voulait une séparation éternelle, elle voulait monter sur le trône; Galswinthe fut étranglée dans ce lit nuptial qu'elle avait tant de fois arrosé de ses larmes.

Désormais Brunehault ne respira plus que pour la vengeance: c'était la pensée de ses jours, le rêve de ses nuits. Il lui semblait entendre sans cesse la voix suppliante de Galswinthe lui rappelant le crime impuni de Frédégonde, ce crime récompensé par une couronne. Sigebert, cédant aux sollicitations d'une épouse chérie, marcha contre les Neustriens à la tête d'une puissante armée; la guerre civile, la plus terrible de toutes les guerres, allait commencer entre les Franks; Gontran intervint, et Chilpéric acheta la paix en cédant à Brunehault les villes qui constituaient le douaire de Galswinthe.

Ce n'était qu'une suspension d'armes. Entre Brunehault et Frédégonde pouvait-il en être autrement? La guerre devait se rallumer; et pendant cette courte trêve la Gaule fut désolée par une peste qui emporta tant de victimes que les cercueils manquaient aux cadavres. Des invasions de Lombards et de Saxons vinrent encore compliquer cette situation; ces invasions n'étaient rien auprès de l'acharnement avec lequel combattaient les Neustriens et les Austrasiens, auprès des ravages que ces peuples exerçaient à l'envi l'un de l'autre. Sigebert réunit sous ses drapeaux les tribus germaniques; Chilpéric se soumit de nouveau. Mais les hostilités recommencèrent. Les Neustriens offrirent à Sigebert de lui donner la couronne; à Chilpéric il ne restait plus que la ville de Tournai. Frédégonde le sauva par un crime. Deux meurtriers, qu'elle arma de glaives empoisonnés, se glissèrent auprès de Sigebert au moment où, debout sur le pavois, il était porté dans les rangs des deux armées réunies; atteint dans les flancs, il tomba et mourut (575).

Ses guerriers se dispersèrent; la fortune et la puissance passèrent du côté de Chilpéric; mais lui aussi devait mourir, victime d'un assassinat, après avoir fait peser sur ses peuples la plus épouvantable tyrannie.

Cependant un enfant de cinq ans, le fils de Sigebert et de Brunehault, avait été proclamé roi d'Austrasie à Metz, sous le nom de Childebert II. Pour diriger les affaires de l'état pendant la longue minorité du prince, les leudes, les comtes et les ducs résolurent de nommer un juge du meutre (*Mor-Dôm*) qui commandait en même temps l'armée. De ces mots teutoniques, dénaturés en latin par les expressions de *Major Domûs*, on a fait le titre de *Maire du Palais*, si éloigné du sens primitif que les Franks attachaient aux fonctions de juge du meurtre. Cette innovation de l'Austrasie, adoptée plus tard par la Neustrie et par la Bourgogne, eut pour première conséquence l'affaiblissement de l'autorité royale, et la création d'une espèce d'aristocratie, avant d'élever au trône une dynastie nouvelle.

Malgré les crimes commis par Frédégonde, l'histoire est forcée de reconnaître chez cette reine un grand caractère, sous le rapport du courage et de la supériorité de vues. Elle le prouva en préparant la haute fortune de son fils Clotaire II.

A l'égard de Brunehault, sans les idées de vengeance que lui inspira la mort de Galswinthe, en un mot sans Frédégonde, elle eût pris place parmi les reines que la postérité environne de son admiration. On trouve encore aux environs de Metz, dans les provinces de l'ancienne Austrasie, des débris de chaussées, des ruines de monuments auxquels la tradition populaire attache le nom de Brunehault; enfin, l'affreux supplice que lui infligea Clotaire II, le digne fils de Frédégonde, a contribué à faire vivre le souvenir de cette reine infortunée.

Clotaire ne rougit pas de l'accuser des crimes de Frédégonde, de lui imputer les meurtres qu'avait commis sa propre mère; ensuite il la fit asseoir sur un chameau pour qu'elle se promenât ainsi dans les rangs d'une armée qui jetait au visage de l'illustre captive, de la royale victime, l'insulte et le mépris. Après ces scènes de dérision, renouvelées pendant trois jours, on attacha Brunehault par les cheveux, par un bras et par un pied à la queue d'un cheval fougueux, de sorte qu'après quelques instants, de cette reine, jadis si belle, si respectée, il ne resta plus que des lambeaux informes, sanglants, déchirés (613).

Pour la seconde fois, un prince du nom de Clotaire réunit tous les Franks sous ses lois; mais les Austrasiens murmurèrent: ils demandèrent un souverain. Metz avait besoin des pompes grossières d'une cour qui reproduisait en l'affaiblissant quelque chose du cérémonial du palais de Constantinople. Le commerce connaissait déjà la route de la vallée du Danube pour apporter en Austrasie les recherches de l'Orient. Clotaire céda donc aux désirs exprimés par les leudes d'un royaume où s'était conservée la primitive énergie des Franks : il leur envoya son fils Dagobert. Ce prince n'avait que quinze ans ; l'évêque de Metz, Arnoul, et Pepin de Landen guidèrent son inexpérience. Ce dernier remplissait les fonctions de maire du palais. Un fils qu'Arnoul avait eu avant d'entrer dans les ordres, Ansigise, épousa une fille de Pepin. De cette union devait naître Pepin de Herstall.

III.

ROIS FAINÉANTS. — MAIRES DU PALAIS.

Voici l'époque la plus singulière de l'histoire des Franks ; voici une série de *rois fainéants* et de *maires du palais*, *vraiment rois*, qui ne se retrouve dans les annales d'aucun peuple. Pour comprendre cet étrange contraste, pour s'expliquer d'un côté l'hérédité de la faiblesse, de l'inaction ; de l'autre, l'hérédité de la vaillance et du génie, il faut étudier les circonstances qui se rattachent à l'établissement des Franks dans la Gaule.

Les princes de la dynastie mérovingienne passèrent tout d'un coup, sans transition, de la rudesse des camps aux délices des palais ; de l'héroïque simplicité des barbares aux plaisirs énervants d'une civilisation dépravée. Néophytes de la veille, chrétiens de bouche plutôt que de cœur, ils ne surent pas se défendre contre les pernicieuses doctrines des courtisans gaulois qui apportaient à la cour des rois chevelus les formes serviles reçues à Rome et à Constantinople. Ces courtisans, qui avaient échoué plusieurs fois dans leurs tentatives pour rétablir les inventions fiscales de l'empire, toujours repoussées par les Franks, furent plus heureux dans leurs tentatives corruptrices auprès des souverains.

Ainsi se succédèrent des princes affaiblis, des fantômes de rois qui semblaient avoir les jarrets coupés; constamment éclipsés dans leur propre palais par des ministres ambitieux. Ces princes mouraient presque tous avant d'avoir atteint l'âge d'homme; et si, par une rare exception, un d'eux dépassait la limite fatale, il languissait, objet de pitié pour ses peuples, qui pourtant l'aimaient : car le sort des peuples et des rois offrait une touchante identité. L'aristocratie naissante les écrasait les uns et les autres; au-dessus comme au dessous d'elle se trouvaient également ses victimes.

Mais cette aristocratie, en s'efforçant de se constituer, ne diminuait pas seulement le pouvoir royal, elle atteignait encore la position des hommes libres; les racines de l'arbre immense de la féodalité commençaient à s'approfondir dans le sol. Tant que les princes conservèrent une ombre d'autorité, la dignité des maires du palais fut élective; une fois devenue héréditaire, les événements marchèrent vers ce changement de dynastie qui devait amener des résultats si importants. Pour préparer ce changement, il faudra plus d'un siècle, tellement il y a de force dans ce qui a été, tellement les superstitions du passé sont vivaces et durables au cœur des hommes réunis en société.

Dans ce siècle de dégénérescence pour la royauté, de progrès pour la mairie du palais, les acteurs et le théâtre changent, le drame est toujours le même. Toujours des princes qui succombent sur le seuil de la vie, ils ne paraissent en public, avec leur cercle d'or au front, que dans des occasions rares et solennelles. Toute leur personne porte l'empreinte de la faiblesse et de la langueur. Malheur à celui d'entre eux qui voudrait sortir de cet état de somnolence, qui chercherait à s'affranchir du joug, à régner par lui-même! La main de fer d'un Ébroïn, d'un Grimoald le rappellerait aussitôt à sa nullité. Pourtant cet Ébroïn, qui a gouverné la Gaule occidentale pendant vingt ans, se proposa un but

élevé que l'on est forcé d'admirer, tout en condamnant les moyens violents qu'il employait pour y parvenir; il lutta constamment contre les usurpations de la noblesse et du clergé, et protégea les hommes libres sur lesquels il cherchait à appuyer le trône. Son génie vraiment supérieur mit en mouvement les masses qu'un vague instinct avertissait du péril de leur situation. Sous les flots superposés de la conquête avait effectivement disparu l'antique égalité de la confédération franke, cette égalité que le courage seul pouvait détruire.

Aux distinctions guerrières, aux classifications établies par le *prix du sang,* se réunirent les distinctions émanées du souverain, les grandes charges du palais, toutes choses qui trouvaient un contre-poids dans le retour périodique des assemblées du Champ-de-Mars, et des mâls ou diètes nationales. Mais lorsque cessèrent ces réunions, ou qu'elles ne revinrent qu'à de longs intervalles, le juge du meurtre se changea en visir gouvernant à son gré des rois efféminés, semblables aux monarques de l'Orient, cachés au fond de leur sérail.

Après la mort d'Ébroïn et la victoire de Testry, l'ambition de Pepin de Herstall eut son libre essor. L'Austrasie, la Bourgogne et la Neustrie relevèrent entièrement de l'autorité de ce maire du palais qui tendit une main amie aux hommes libres, et fit rentrer les grands dans la ligne du devoir. On vit refleurir les assemblées du Champ-de-Mars; le roi Théodoric III y parut, et répéta publiquement les discours que lui dictait Pepin, sur les intérêts généraux de l'état. On y présentait ensuite des édits, on y discutait le plan des expéditions guerrières : ces soins remplis, Théodoric rentrait dans sa maison de plaisance de Maumague sur la rive gauche de l'Oise.

Qu'importait la mort de ce prince (694) et l'avénement de Clovis III, léguant quatre ans après la couronne à son frère Childebert? Pepin et ses deux fils, Drogon et Grimoald : voilà les véritables rois de l'Austrasie, de la Bourgogne et de la Neustrie. Mais le malheur allait empoisonner les derniers jours de Pepin de Herstall. Il eut à pleurer sur le trépas prématuré de Drogon ; et ses larmes coulaient encore lorsque son autre fils Grimoald fut assassiné dans l'église de Saint-Lambert à Liége.

De son lit de mort, Pepin vengea ce crime sur son auteur qui se nommait Rantgare ; ensuite il disposa du pouvoir en maître qui ne s'attend à rencontrer aucune résistance. Il désigna pour maire du palais un fils de Grimoald, un enfant de six ans ; le roi avait le même âge ; et Plectrude, la veuve de Pepin, devait être leur tutrice. Une femme allait gouverner les trois royaumes franks. Où est, en présence d'un pareil fait, l'exclusion attribuée à la loi salique ?

Il restait encore un fils de Pepin de Herstall ; il venait d'être jeté au fond d'une prison : ce fils, né des amours de Pepin avec la belle Alpaïde, se nommait Charles Martel. Le héros s'était déjà révélé en lui ; mais le meurtre de Grimoald avait fait planer sur Charles-Martel des soupçons bien cruels pour le cœur d'un père. Plectrude avait envenimé ces soupçons ; mère et aïeule, elle détestait doublement le fils d'une rivale. Toutefois en 714, lorsque expira son mari, lorsqu'elle fut investie des fonctions de régente, elle n'osa point faire périr Charles Martel qui était enfermé à Cologne dans une prison. Il est vrai que les Neustriens se révoltèrent contre l'autorité de Plectrude ; entraînant au milieu d'eux le roi Dagobert III, ils attaquèrent les Austrasiens qui furent vaincus : Pepin de Herstall leur manquait. Dans l'ivresse de la victoire, les Neustriens nommèrent Raginfred maire du palais, et se liguèrent avec le duc des Frisons qui vint attaquer l'Austrasie.

Cet enchaînement de malheurs rappela aux guerriers Charles Martel ; il fut arraché de son cachot. Une armée se forma autour de lui pour repousser les Frisons ; mais la fortune trahit ses premiers efforts. Plus heureux contre les Neustriens, il porta la guerre sur leur territoire et offrit la paix à Raginfred qui la refusa. Alors, versant à regret le sang d'un peuple de frères, il remporta la grande bataille de Viney (717), gage de tous les succès qui allaient remplir sa carrière.

La haine de Plectrude ne peut plus entraver Charles Martel; il a conquis à Vincy le titre et le pouvoir de duc d'Austrasie. Pourtant, il hésite encore à mettre la couronne sur sa tête; mais il fait un roi d'un descendant de Clovis, qui prend le nom de Clotaire IV : c'est un nom de plus dans la série des rois fainéants.

Eudes, duc d'Aquitaine, vient secourir Raginfred; il est vaincu comme les Saxons que Charles Martel repousse sur leur territoire. Mais voici de plus redoutables ennemis : ce sont les Maures et les Arabes, les conquérants de l'Espagne, qui, sous les ordres de l'émir Abdérame, se précipitent sur la Gaule dont ils rêvent la conquête. Ils soumettent l'Aquitaine, ils triomphent en courant, emportés par leurs chevaux rapides; et leurs brillants escadrons viennent se déployer dans les vastes plaines situées entre les villes de Tours et de Poitiers. Il ne s'agit pas de la lutte de deux armées; deux civilisations se trouvent en présence; l'antique guerre de l'Orient et de l'Occident, depuis si longtemps engagée, se renouvelle. Qui l'emportera de l'Évangile ou du Coran?

Charles Martel paraît avec ses vieilles bandes austrasiennes; en face, la première cavalerie du monde, des hommes exaltés par un siècle entier de victoires, qui ont soumis aux Kalifes tant de royaumes et d'empires. C'en est fait de l'avenir de l'Europe; c'en est fait du christianisme, sans l'épée de Charles Martel. Dans cette journée du mois d'octobre de l'an 732, où succombèrent Abdérame et l'élite de ses guerriers, Charles Martel et les Franks austrasiens acquirent des droits imprescriptibles à la reconnaissance de tous les peuples civilisés.

Il fallait encore expulser les Musulmans du midi de la Gaule qu'une autre armée avait envahi. Charles Martel et son frère le comte Childebrand donnèrent une sœur à la bataille de Poitiers : les flots torrentueux de la Durance entraînèrent dans leur cours ensanglanté les turbans et les cimeterres des Maures qui, poursuivis avec acharnement, expulsés d'Avignon et de Nîmes, ne conservèrent que quelques places fortes, entre autres Narbonne, que l'émir de Cordoue secourut avec une puissante flotte.

La mission de Charles Martel est terminée ; il a pacifié l'intérieur de la Gaule ; par lui le nom des Franks est respecté au dehors, le roi des Lombards recherche son alliance ; il peut descendre dans la tombe, ses dernières volontés ne rencontreront que des cœurs reconnaissants et soumis (741).

Entraîné par les grands événements qui réclamaient toutes ses pensées, Charles Martel ne s'était pas même occupé du soin de mettre un autre fantôme de souverain à la place de Théodoric IV, dont le trône était resté vacant. Charles se contenta de dater les actes du gouvernement de la première, de la seconde, de la troisième année de la mort du roi. Il négligea même de prendre cette couronne qui se trouvait sous sa main.

Mais s'il s'était montré indifférent à l'égard d'un vain titre, il n'agit pas de même pour la réalité du pouvoir qu'il transmit à ses successeurs ; il en fixa les limites et l'importance. A Carloman, son fils aîné, il donna l'Austrasie, la Souabe et la Thuringe ; à Pepin, son second fils, la Neustrie, la Bourgogne et la Provence ; enfin pour un enfant d'un autre lit, pour Griffon, il établit une petite principauté enclavée dans les états soumis à ses frères aînés. Cette dernière disposition ne fut point ratifiée par Carloman et Pepin qui poursuivirent leur jeune frère dans la ville de Laon où il s'était réfugié, et le retinrent prisonnier.

Les Aquitains, qui ne supportaient qu'en frémissant la domination franke, crurent le moment favorable pour ressaisir leur indépendance ; mais les armées de Carloman et de Pepin dissipèrent bientôt ces tentatives d'émancipation, et passèrent ensuite en Allemagne.

Trois années s'écoulèrent au milieu des révoltes des Bavarois, des Saxons, des Allemands, des Aquitains, révoltes presque aussitôt comprimées ; de sourdes agitations travaillaient aussi les habitants de la Neustrie et de la Bourgogne. Afin d'y mettre un terme, Pepin fit sortir d'un monastère un enfant de la race de Clovis qu'il proclama roi de Neustrie et de Bourgogne sous le nom de Childéric III. Ce nom devait clore la liste des rois fainéants. Quant à l'Austrasie, la déchéance des Mérowingiens s'y trouvait tacitement prononcée ; Carloman n'eut donc pas besoin de prendre la même précaution. Au moment où son autorité était si bien établie, Carloman y renonça. Abandonnant ses états et ses fils qu'il recommanda à l'appui de Pepin, il se rendit à Rome, se prosterna sur le tombeau de saint Pierre, y coupa ses longs cheveux, et revêtit l'habit monastique. Ce renoncement aux grandeurs provenait d'un sentiment de remords : Carloman se punissait d'avoir fait massacrer les chefs des Allemands qui étaient venus sans méfiance le trouver au château de Gundstadt.

L'ambition étouffa chez Pepin le souvenir de son frère : au lieu de protéger ses neveux, il s'empara de l'Austrasie. Quelques années après il consulta le pape Zacharie sur ce qu'il avait à faire ; le pontife répondit : « *Le titre de roi appartient à celui qui en exerce l'autorité.* »

Après cette réponse, comment hésiter? L'archevêque de Mayence, Boniface, se rendit à Soissons auprès de Pepin, et un dimanche du mois de mars 752, la main du prélat versa l'huile sacrée sur le front du fondateur de la dynastie carolingienne qui reçut ensuite le sacre militaire par son érection sur le pavois. Ce grand événement s'accomplit sans le moindre obstacle, un chroniqueur contemporain le raconte tout simplement ; la nation s'y attendait, et Childéric III, privé de sa longue chevelure, emblème du sang royal, rentra dans un monastère. Pepin n'eut pas même besoin d'une tombe ou d'une prison pour y renfermer un compétiteur au trône.

IV.

DYNASTIE CAROLINGIENNE.

L'avénement de la seconde dynastie est surtout remarquable par l'influence qu'acquit le clergé. Plus que jamais les Franks devinrent les champions du christianisme, et leurs rois, les fils aînés de l'Église. Là réside une des premières causes de l'ascendant que l'épée et la politique des Franks exercèrent en Europe; les destinées réservées aux Français commencent à se détacher en relief. Les Lombards, dans leur fanatisme arien, tourmentent le saint-siége. Le pape Etienne II se voit menacé jusque dans Rome; il se décide à implorer lui-même le secours de Pepin, devant lequel il paraît à Ponthion dans le Perche, la tête chargée de cendres, les reins ceints d'un cilice, avec l'attitude d'un suppliant. Pepin relève le pontife qui s'était prosterné, lui jure de punir les Lombards, l'entoure des plus grands honneurs. Sensible à tant de marques de déférence, le pape renouvelle la cérémonie du couronnement de Pepin et de la reine Bertrade (754). Les Franks se réunissent au Champ-de-Mars de Braine; d'un commun accord ils conviennent d'aller attaquer les Lombards. Des ambassadeurs devancent leur armée, et somment le roi Astolphe de rendre au saint-siége la Pentapole, Narni et Ceccano.

Sur le refus d'Astolphe, Pepin et ses guerriers franchissent les Alpes, triomphent des obtacles que leur oppose la nature, comme de la résistance des Lombards; ils assiégent Pavie; Astolphe épouvanté achète la paix par un tribut, et s'engage à respecter le territoire de la *république romaine*. Mais les Franks une fois éloignés, il oublie ses serments; Pepin reparaît plus terrible, Astolphe fléchit de nouveau; et des officiers franks remettent au pape les villes de la Pentapole et du duché de Rome.

Après cette expédition, qui fit la force politique du saint-siége, et dont les résultats devaient embrasser le monde, Pepin, toujours fidèle au principe religieux qu'il venait de soutenir, purgea la Septimanie de la présence des Musulmans qui désolaient encore ce beau pays, au moyen de Narbonne, dont ils avaient fait leur place d'armes (759). Une guerre acharnée contre les Aquitains remplit les neuf dernières années de l'existence de Pepin, existence glorieuse et féconde, quoique resserrée entre deux renommées qui la font pâlir : celle de Charles Martel et de Charlemagne.

A l'égard du reproche d'usurpation que lui ont adressé quelques partisans des Mérowingiens, rien de plus facile que de le réfuter. La couronne était élective, non pas héréditaire. D'ailleurs la postérité a confirmé les suffrages des contemporains de Pepin.

Encore un partage, encore deux princes entre lesquels le royaume est divisé. A Charles les contrées occidentales depuis la Frise jusqu'aux Pyrénées, tandis que Carloman règne de la Souabe à la Méditerranée sur l'Alsace, l'Helvétie, la Bourgogne et la Provence (768).

Carloman meurt à la fleur de l'âge (771); Charles réunit tous les Franks sous sa domination, il entre alors dans cette carrière de merveilles qui ne se démentira plus jusqu'à l'heure de sa mort, jusqu'en 814, et que l'insignifiance des trois premières années de son règne était si loin d'annoncer. Il fait aux Saxons une guerre d'extermination, guerre de géants qui détruisait sans retour les formidables invasions des peuples du Nord, sous lesquelles avait succombé le colosse romain. La route de terre est désormais fermée à de nouvelles hordes de barbares; ils ne pourront que se jeter sur leurs barques à voiles et à rames, et venir ravager nos côtes. S'ils y descendent, s'ils s'y fixent, comme un jour les Normands dans la Neustrie, ce sera pour apporter à la civilisation française une sève nouvelle.

En même temps, Charles attaque les Musulmans d'Espagne, devançant de trois siècles l'époque des croisades, en donnant le premier signal de ces guerres sacrées, de cette grande réaction de l'Europe chrétienne contre l'Asie et l'islamisme. Il renverse en Italie la domination des Lombards, dont il ceint la couronne de fer; il détruit les derniers débris de la domination de l'empire grec dans l'Apulie. Rome renouvelle en sa faveur ses vieilles pompes triomphales; et dans sa pieuse reconnaissance, il confirme les dons faits par son père au saint-siège qui prend tout à fait rang parmi les puissances européennes. Du côté de l'Allemagne il recule ses frontières jusqu'à l'Oder, et va attaquer les Huns au fond de la Bohême et de la Hongrie. Constantinople recherche l'amitié du grand monarque frank ; le kalife Haroun-Al-Raschid lui envoie de Bagdad les clefs du saint-sépulcre; enfin la couronne d'empereur d'Occident est posée sur son front par le pape Léon III (800); Charlemagne a hérité du génie qui présidait aux destinées du Capitole; il met l'Europe dans son empire comme jadis le peuple-roi mettait le monde dans l'empire romain.

Et cet homme infatigable a des heures de loisir à donner aux sciences, aux lettres, aux arts qu'il cultive avec amour ; autour de lui il appelle les plus beaux talents de son siècle; il s'associe à eurs travaux, il les guide et les consulte, tour à tour souverain et disciple, toujours extraordinaire. Il crée une capitale, Aix-la-Chapelle qu'il dote de monuments, dont le style rappelle les formes imposantes de l'architecture romaine; il fait plus; il crée une législation; ses *capitulaires* attestent l'universalité de son génie; et pour élever ce monument plus durable que les édifices de marbre et de granit, il réunit les grands, les prélats, les hommes libres, dans des diètes périodiques où l'on s'occupe des plans de campagne comme des intérêts durables de la paix.

De ces gigantesques travaux il descend aux détails les plus humbles, à l'administration de ses domaines; il connaît le chiffre des produits de ses métairies, de ses jardins, de ses viviers; c'est ainsi qu'il alimente son luxe impérial; il a des moments à donner à la chasse, à la lecture, à l'étude.

Puis ses regards se reposent avec complaisance sur les pauvres, sur les faibles, sur les infortunés dont il veut soulager les souffrances; et dans ce but, il charge des envoyés impériaux, *missi dominici,* de parcourir ses vastes états quatre fois par année, en janvier, en avril, en juillet, en octobre, pour veiller au maintien de la justice, à l'exécution des lois, au redressement des erreurs commises par les magistrats des comtés.

Et tout cela à mille ans de distance, au milieu d'une époque d'ignorance et de barbarie, tout cela accompli par un seul homme : car après comme avant Charlemagne que trouvons-nous? une nuit obscure, à peine entre-coupée de quelques rapides éclairs, une nuit que son génie illumine de ses rayons.

Il meurt en 814 le grand empereur, et avec lui va crouler son empire; et la civilisation qu'il avait créée s'abîme, disparaît; le chaos ressaisit de toutes parts ces éléments naguère si harmonieux, si dociles à la voix de Charlemagne. Mais au milieu de la faiblesse de Louis-*le-Débonnaire,* au milieu des révoltes de ses fils, malgré la formation de neuf états différents (888), l'impulsion est donnée; comme un phare lumineux Charlemagne domine les siècles à venir. Devant l'œuvre de ses constantes pensées, l'anéantissement des Saxons, s'arrêtent les invasions du Nord; ainsi le bouclier de Charles Martel avait repoussé les flots de l'invasion de l'Orient. Merveilleux privilége accordé à deux hommes de la même race, et qui suffirait seul pour immortaliser toute une dynastie!

La dynastie mérowingienne s'est épuisée, elle ne produit plus que des rois fainéants, nuls, mais non dépravés et corrompus comme les rois fainéants de la première race. De Louis-*le-Débonnaire* à Louis V, auquel cesse de régner la postérité de Charlemagne, la plupart des princes se font remarquer par la pureté de leurs mœurs, la sincérité de leurs croyances religieuses. Si, à côté d'eux, ne s'élève pas le pouvoir ombrageux d'un maire du palais, il y a autour de leur trône une fermentation continuelle produite par l'organisation de la noblesse féodale.

Cette noblesse surgit tout armée de l'assemblée de Kiersy (877), où Charles-*le-Chauve* eut la faiblesse de promulguer un capitulaire qui autorisait l'hérédité des fonctions de gouverneur des comtés, des *marches* ou frontières et des villes et forteresses. Du jour où ces fonctions, accordées au courage, devinrent une propriété de famille, le trône des successeurs de Charlemagne se trouva sapé à sa base.

Mais, tandis que s'organisait lentement cette hydre aux mille têtes, l'instinct belliqueux des Franks semblait presque entièrement éteint. Les Normands désolaient le littoral de l'Océan; sur leurs barques à voiles et à rames, ils osaient remonter le courant des fleuves, pénétrer dans l'intérieur des terres; ils s'avançaient même jusqu'aux portes de Paris, dont les habitants soutenaient des siéges auxquels il n'a manqué qu'un Homère pour être à jamais célèbres. Dans ces guerres se révéla une race héroïque, dont le chef Robert, surnommé le *Fort,* mérita de devenir la tige de la dynastie capétienne, de cette dynastie vraiment indigène à laquelle commence l'histoire de la nation française.

En 911, les Normands parurent de nouveau sous les murs de Paris; Charles-*le-Simple,* qui régnait alors, offrit à leur chef Rolf ou Rollon de lui céder une province où il se fixerait avec ses guerriers. Rollon accepta, il embrassa le christianisme, épousa Gisèle, fille du roi Charles, et consentit à prêter foi et hommage pour la partie de la Neustrie qui s'étend depuis l'Epte jusqu'à la mer. Cette province, qui prit le nom de *Normandie,* reçut de ses nouveaux hôtes une organisation militaire. Au duc Rollon obéissaient les chefs des divers comtés, choisis parmi les officiers de l'armée, desquels les guerriers tenaient des terres en qualité de vassaux.

La population indigène s'identifia peu à peu avec cette colonie belliqueuse qui communiqua aux anciens habitants de la Neustrie son caractère aventureux, son énergie, ses espérances ambitieuses et la teinte poétique de son imagination. Là devaient naître les premiers *trouvères*, chantres gracieux qui préparèrent le triomphe de la *langue d'oyl* sur les *troubadours* de la *langue d'oc.*

Cependant il s'était écoulé deux cent trente-six années depuis l'avénement de la dynastie carolingienne, essentiellement germanique comme les rois chevelus du sang des Mérowingiens; l'unité d'empire, constituée par la main puissante de Charlemagne, s'était violemment brisée en 888; des débris de cet empire se formèrent neuf états différents : la Germanie, la Lorraine, la Bretagne, l'Italie, la Bourgogne transjurane, la Bourgogne cis-jurane, la Marche d'Espagne, l'Aquitaine, la France.

Cette France n'occupait qu'une bien faible partie du territoire gaulois, elle s'étendait de la Meuse à la Loire, et de l'Epte et de la Vilaine jusqu'aux montagnes de l'ancienne Bourgogne; espace étroit dans lequel se trouvait Paris, la capitale à laquelle étaient attachées les destinées de l'avenir. Les derniers princes carolingiens ne possédaient pas même tout ce petit royaume; ils se virent réduits à n'avoir que deux villes : Laon et Reims. Telle était la situation de Louis V, en 987, lorsqu'il mourut, et qu'un descendant de Robert-*le-Fort*, Hugues, surnommé *Capet,* fut élevé au trône.

—∞—

V.

DYNASTIE CAPÉTIENNE.

Les services de ses pères, ses immenses domaines, la piété de Hugues-*Capet* et l'affection des Parisiens favorisèrent ce changement de dynastie qui s'accomplit sans efforts, sans combats; il est vrai que l'autorité royale se trouvait alors bien circonscrite; ce n'était qu'un titre presque illusoire, la suzeraineté du roi à l'égard des principaux feudataires n'ayant rien de réel. Cet état de choses se prolongea de 996 à 1108 sous les règnes de Robert, de Henri, de Philippe, auxquels, comme à Hugues-*Capet* demandant à Aldebert : « *Qui t'a fait comte?* » un grand vassal aurait pu répondre : « *Qui t'a fait roi?* »

Ces règnes embrassent une période historique qui a sa physionomie et son caractère reproduits assez fidèlement par la dénomination d'époque de la *grande féodalité*. Effectivement, la royauté et le clergé s'effacent; quant au peuple, il n'existe pas encore; il n'y a que des *serfs*. Mais ces serfs naissent guerriers; au premier appel ils doivent se ranger sous la bannière ou le pennon de leur seigneur respectif, fût-ce même pour guerroyer contre le roi; ils apportent leurs armes et leurs vivres pendant ces expéditions militaires, dont la durée ne dépasse pas quarante à cinquante jours. Malgré le collier de fer qui lui sert d'emblème, le servage féodal est moins lourd que l'esclavage antique. On sent que le christianisme a passé par là; le serf peut s'affranchir en entrant dans les ordres sacrés où l'élection le placera comme Gerbert sur la chaire de saint Pierre ; il a encore la faculté de *changer de clocher*, c'est-à-dire de se choisir une nouvelle résidence, de devenir l'*homme* d'un autre seigneur, pourvu qu'en s'éloignant il acquitte toutes ses redevances. Ainsi, il ne se trouve pas inféodé au sol, tout en dépendant du sol, tout en étant *taillable et corvéable à merci*. Enfin il porte le glaive, et le glaive émancipe. Les écuyers, les hommes d'armes, les veneurs et les fauconniers des nobles châtelains étaient presque tous nés dans la condition des serfs.

Si Hugues-Capet et ses successeurs immédiats s'endorment sur le trône, il n'en est pas de même de la noblesse féodale qui s'étage et s'organise de manière à présenter une espèce de république aristocratique, fédérative, guerrière, dont les divers anneaux, princes, ducs, marquis, comtes, barons, se lient par la foi du serment, par le dévouement d'homme à homme, établissant du plus fort au plus faible un enchaînement de devoirs et de droits, une corrélation de services et de patronages. Seulement chaque souverain féodal est indépendant dans l'intérieur de son royaume en miniature, qu'il se compose de quelques centaines de toises ou de quelques lieues carrées. Tous ont également droit *de haute et de basse justice ;* chaque état existe de son existence propre, même en relevant d'un état voisin.

Au premier aspect, ce régime de fer semble détruire à jamais l'influence des femmes ; nous voyons, en effet, à la mort d'un noble châtelain, sa veuve déposer sur le bereeau de son fils aîné les clefs du manoir et les autres emblèmes de l'autorité ; un fief noble ne peut tomber *en quenouille*, selon le langage de l'époque Mais dans les courts intervalles de paix, durant les longues veillées d'hiver, après les fatigues de la chasse, le seigneur féodal se trouve en présence de sa femme ; et le sanctuaire du foyer domestique rend à celle-ci l'ascendant que lui enlèvent des lois où tout repose sur la force brutale. Ces lois ne tarderont pas à subir quelques modifications.

Toutefois la féodalité n'est pas encore complète, il faut que la religion et la chevalerie l'épurent afin de l'élever jusqu'aux inspirations de l'héroïsme.

C'est que la religion était bien puissante sur des âmes naïves et fortes que le vent du doute n'avait pas même effleurées de son souffle empesté. La violence des actes auxquels se livraient les hommes puissants leur inspirait des remords en harmonie avec la fougue de leurs passions et la nature de leurs crimes. Un profond ennui, une sainte tristesse travaillaient tous les rangs de la société; l'existence pesait comme un fardeau à ces générations nées au sein des tempêtes, et condamnées à passer leurs jours dans les tempêtes. Les regards se tournaient vers le ciel, et dans l'espoir de le mériter, sans cesse de nouveaux pèlerins se dirigeaient vers la Terre-Sainte; ils soupiraient après Jérusalem; ils brûlaient du désir de se prosterner sur la montagne où s'accomplit le grand sacrifice qui sauva le monde; il leur tardait de se régénérer dans les eaux du Jourdain. Laissez-les revenir en France ces pieux voyageurs, ils déposeront le bourdon et la palme du pèlerin pour saisir le glaive et la lance du *croisé*.

Les temps sont venus; la France ressemble à un vaste arsenal; Guillaume de Normandie, légitimé par la victoire, vient de conquérir l'Angleterre; les institutions chevaleresques ont adouci et poétisé l'âpreté des mœurs féodales. Désormais rien n'est impossible au courage. Les héros d'Homère avouaient leur infériorité en présence d'un ennemi plus brave, plus habile, plus fort; les héros chrétiens de la chevalerie ont en réalité une grandeur bien supérieure aux fictions du vieux poëte, dont les chants ont immortalisé Achille et Hector.

La religion, l'honneur et l'amour ont fait un sanctuaire du cœur de ces nobles chevaliers qui se dévouent à la protection de la faiblesse, au redressement des torts, au culte de la beauté. L'empreinte divine que les Germains et les Franks se plaisaient à entrevoir sur le front de leurs compagnes, cette empreinte divine vient de nouveau former aux femmes une radieuse auréole. Les mœurs protestent contre les lois.

Au milieu de cette société ardente, généreuse, exaltée, paraît un homme qui, après avoir brillé dans les tournois, sur les champs de bataille et dans les conseils des princes, a renoncé aux grandeurs de la terre pour se consacrer tout entier à la religion. Cet homme, né en Picardie, et que la postérité ne connaît que sous le nom de l'ermite Pierre, a visité la Palestine, il en rapporte une héroïque indignation, une sainte espérance. Il a animé de ses convictions le pape Urbain II qui convoque un concile à Clermont (1095).

Là, l'ermite Pierre représente le deuil des églises de l'Orient, il raconte les malheurs des chrétiens de la Palestine, de la Syrie, courbés sous le joug des Musulmans; à cette voix inspirée que seconde l'éloquente parole du souverain pontife, la France répond par ce cri de guerre que l'Europe chrétienne répète en longs échos : *Dieu le veut! Dieu le veut!*

Et l'Europe, entraînée par l'irrésistible impulsion de la France, se précipite sur l'Asie; un royaume féodal est fondé sur les rives du Jourdain; pendant plus d'un siècle se continuent presque sans interruption ces croisades qui, pour premier résultat, établirent entre les peuples chrétiens les relations fraternelles de la *trêve de Dieu.*

Ces guerres saintes devaient encore porter d'autres fruits. Comme la chevalerie était née des excès de la féodalité, semblable à la lance d'Achille guérissant les blessures qu'elle avait faites, de même les *croisades* enfantèrent l'*affranchissement des communes.* Le collier de fer du servage se trouva brisé.

Aussi un peuple naissant, un peuple qui bégaie encore le mot de liberté, s'élance au-devant de Louis VI qui tire enfin la royauté de son long sommeil, qui fait de son titre de suzerain un levier pour battre en brèche l'édifice aristocratique (1108-1137), en attendant le jour où Philippe-Auguste pourra se poser à la tête de la *monarchie féodale.*

Entre ces deux règnes, la France déplore les malheurs de Louis VII, les désastres de la seconde croisade, la répudiation d'Éléonore d'Aquitaine, la prépondérance que cette répudiation prépare à Henri Plantagenet; mais dans ces jours agités (1157 1180) s'élèvent Suger le grand ministre, saint Bernard à la parole pénétrante, aux sublimes inspirations, aux vertus plus sublimes encore, et cet Abeilard qui fut aussi un orateur ardent, impétueux, que suivaient des milliers de disciples depuis la montagne de Sainte-Geneviève jusqu'aux bords de l'Arduzon, mais dont la gloire littéraire pâlit devant le prestigieux reflet qu'il doit à l'amour d'Héloïse, ange exilé sur la terre sous les traits d'une femme, Héloïse type complet de l'amour, tel que l'a fait le christianisme en le rendant le concert de l'âme et du cœur, de l'esprit et de l'imagination.

Une immense révolution s'est accomplie à l'époque de l'affranchissement des communes, révolution qui ne fut pas la conséquence d'une concession royale, comme on l'a trop souvent répété, mais qu'obtinrent par le glaive, au prix de leur sang et des plus généreux efforts, ces hommes des *classes moyennes*, ces héros de la bourgeoisie sur lesquels s'appuya Philippe-Auguste pour contenir Henri II, pour résister à Richard *Cœur-de-Lion*, pour ravir à Jean-*sans-Terre* la plupart des provinces que les Anglais possédaient en France, et pour triompher à Bouvines.

Indépendamment de cette émancipation si importante, si fertile en grandes choses, les croisades ont encore amené d'autres résultats qu'il est impossible de méconnaître sans déshériter le passé, sans déchirer une des plus belles pages des annales de la France : la France n'eut-elle pas l'initiative de ces expéditions guerrières? Tous les peuples civilisés devaient y profiter : marine, commerce, industrie, beaux-arts, littérature, intelligence, reçurent une impulsion nouvelle, puisèrent de merveilleuses ressources dans ces guerres qui, en même temps, continrent dans leur berceau les sectateurs de l'islamisme.

L'architecture surtout, cet art sublime qui renferme tous les arts, dut aux rapports de l'Occident avec l'Orient ces monuments splendides, ces poëmes de granit et de pierre, qui ne sont signés d'aucun nom individuel, et qui s'élèvent comme autant de symboles de la foi de nos ancêtres. Ainsi l'ogive élança vers le ciel ses courbes gracieuses, ainsi s'ouvrit la rosace découpée comme de la dentelle, et dont les vitraux coloriés jetaient une lueur mystérieuse sur les dalles du pavé; ainsi le ciseau fouilla avec amour ces délicates nervures, ces frêles colonnettes, ces hardis piliers qui rappellent les palmiers du désert.

A dater du règne de Philippe-Auguste, l'autorité des rois de France prend un développement basé sur la force autant que sur le droit. Pourtant la féodalité est encore bien puissante, comme le prouve l'expédition de Constantinople, à la suite de laquelle un comte de Flandre devint empereur d'Orient. La terrible croisade dirigée dans le Languedoc contre les Albigeois nous montre encore une de ces figures qui attestent l'énergie des idées religieuses et féodales.

Mais cette molle terre du Midi, sillonnée par l'épée de Simon de Montfort, ne devait pas mieux garder sa trace que celle de ce prieur d'Osma, de cet Espagnol qui fit contre les Albigeois le premier essai du pouvoir de l'inquisition.

Le fils de Philippe-Auguste, Louis VIII, ne régna que trois ans; une maladie contagieuse emporta à la fleur de l'âge ce prince qui avait mérité par sa valeur le surnom de *lion*. Cette valeur, il l'avait déployée contre les Anglais, et même un instant il ceignit la couronne de Jean-*sans-Terre*, de l'indigne successeur de Richard. Mais la mort du roi Jean, et la jeunesse et les grâces de son fils désarmèrent les ressentiments de la noblesse d'Angleterre, qui abandonna la cause de Louis de France pour se rallier autour d'un Plantagenet.

Cependant l'influence des femmes allait toujours grandissant; la régence de Blanche de Castille, de la veuve de Louis VIII, de la mère de saint Louis, sut contenir une noblesse turbulente et préparer les vertus de ce monarque, digne d'être considéré comme le héros du moyen âge, dont il offre l'expression la plus pure, la plus élevée, qu'il résume tous les trois grands aspects religieux politique et militaire

Par lui et sous lui, le peuple fut heureux ; mais sa piété sincère ne dégénérait pas en lâches condescendances ; il sut le montrer en résistant avec une dignité calme aux exigences du saint-siége. Accessible aux faibles, aux opprimés, il rendait lui-même la justice sous cet arbre de Vincennes consacré par le souvenir du bon roi. Les *Établisements* de saint Louis sont encore un des plus beaux monuments législatifs de la vieille France.

Quant à ses deux croisades, en Égypte et en Afrique, quoique également malheureuses, elles ont achevé de mettre en relief tout l'héroïsme de ce prince ; et d'ailleurs sur les bords du Nil comme auprès des ruines de Carthage, n'y a-t-il pas dans cette double expédition du treizième siècle un prophétique indice de la campagne d'Égypte sous les ordres de Napoléon Bonaparte, de la conquête d'Alger sous le règne de Charles X ? C'est à Damiette que la reine deFrance, Marguerite de Provence, formula une de ces résolutions héroïques digne de la compagne de saint Louis. On redoutait à chaque instant de voir paraître les mameluks sous les murs de Damiette, et la résistance était impossible. La reine, s'adressant à un vieux chevalier à la garde duquel elle était confiée, lui dit :

« Jurez-moi, messire, de m'accorder la grâce que je vais vous demander.

— Parlez, madame, je jure de vous obéir si votre vœu est d'accord avec mon devoir.

— C'est de me couper la tête si les Musulmans entrent dans la ville.

— J'y pensais, madame, » répondit le vieux chevalier.

Du reste, saint Louis a rencontré un admirable historien dans le sire de Joinville, qui partagea avec le roi les dangers de la croisade en Égypte, et dont le style, empreint d'une grâce indicible, revèle, dès cette époque reculée, tous les triomphes promis à la langue française.

Le même règne vit fleurir les trouvères du Nord et les troubadours du Midi, poëtes dont les ouvrages manquent d'une haute inspiration, d'un but social, mais auxquels ont survécu quelques compositions tendres ou satiriques, que l'on a comparées à des fleurs brillantes, fleurs éphémères, fanées avant de s'être changées en fruits. Tel avait été le puissant comte de Champagne, ce Thibault, célèbre à la fois comme trouvère et comme chevalier. A la même époque naquirent les cours d'amour, singuliers tribunaux composés de femmes, où les sentiments les plus intimes du cœur étaient l'objet de dissertations élégantes, et parfois même d'arrêts qui frappaient l'infidélité, et la punissaient comme un crime.

Les mœurs s'adoucissaient; un bien-être inconnu pénétrait peu à peu dans l'intérieur des châteaux, et jusque dans les maisons des riches bourgeois des communes; une civilisation meilleure, plus large, plus universelle, allait se développer; mais, avant d'en goûter les bienfaits, il fallait que tombât pièce à pièce l'édifice du moyen âge. Ce ne fut pas le fils de saint Louis qui, le premier, protesta contre des lois et des mœurs qui convenaient tout à fait à l'énergie d'un caractère éminemment guerrier. Il avait vu mourir son père sur un lit de cendres, dans ce camp qui menaçait Tunis; il avait rapporté lui-même à Saint-Denis les reliques du vertueux monarque: de pareils souvenirs ne s'oublient pas en un jour. D'ailleurs, la guerre remplit tous les instants de ce règne; vers la fin s'accomplit à Palerme l'épouvantable massacre des *vêpres siciliennes* (1283). A la suite de cette conspiration tramée par un peuple entier, le frère de saint Louis, Charles d'Anjou, perdit la Sicile; ses petits-neveux devaient un jour ressaisir ces belles contrées.

Avec Philippe IV, dit *le-Bel*, la France entra dans une ère nouvelle (1285-1314); le vieux moule de la société va se briser en éclats sous les coups de ce monarque, qui ne craignit pas d'outrager la papauté dans la personne du pape Boniface VIII, et qui ensuite fit un pape français, Bertrand de Got, Clément V, auquel il imposa entre autres conditions l'abolition des Templiers. Ces Templiers, qui, avec les Hospitaliers de Saint-Jean de Jérusalem, avaient formé l'avant-garde des armées de la France d'Orient.

furent dévorés par les flammes des bûchers qu'allumèrent des juges-bourreaux. Agir ainsi, c'était flétrir le passé, c'était condamner les croisades; Philippe-le-Bel ne s'en tint pas à cette audacieuse attaque; il retint le saint-siége en France; des lois romaines il fit un arsenal où la royauté puisait des armes contre la noblesse et le clergé; et, à côté de ces deux grands corps, il admit les représentants de la bourgeoisie dans cette première assemblée des états-généraux qui eut lieu à Paris en 1302.

De 1314 à 1328, trois souverains se succèdent sur le trône sans marquer leur passage dans les affaires par de grandes choses ni par d'importantes victoires, Louis X, Philippe V, Charles IV, dit *le Bel;* ce dernier chargea les grands vassaux du sein de lui choisir un successeur. En lui s'éteignit la dynastie capétienne. Sa veuve était enceinte, on attendit le terme de sa grossesse; elle mit au monde une fille, et la couronne fut adjugée à Philippe de Valois, chef de la branche collatérale, qui exerçait déjà les fonctions de régent. L'ordre de succession au trône de France, de mâle en mâle et par ordre de primogéniture, fut dès lors fixé d'une manière positive.

VI.

DYNASTIE DES VALOIS

L'avénement de Philippe de Valois devient l'origine des invasions des Anglais, invasions terribles, douloureuses épreuves qui mettent en question l'existence de la monarchie, qui ruinent le pays, réduisent le peuple au désespoir, et font reculer la langue elle-même, moins intelligible pour la postérité que la langue de Joinville. Et pourtant ainsi doit se constituer la nationalité française; de tant de malheurs vont sortir une administration régulière, une royauté puissante.

Depuis la conquête de l'Angleterre par les Normands, la France avait dans les successeurs de Guillaume des ennemis d'autant plus dangereux que beaucoup de Français marchaient sous les étendards britanniques. Henri Plantagenet, devenu presque en même temps l'époux d'Éléonore d'Aquitaine et le roi des Anglais, s'était trouvé maître des plus belles provinces de la France, à la condition, il est vrai, de prêter foi et hommage comme vassal; mais le vassal fit la guerre à son suzerain ; et cette lutte ne se termina en faveur de Philippe-Auguste que par l'impopularité du faible et coupable Jean-*sans-Terre*.

Ces vieilles prétentions oubliées, Edouard III ne se contenta pas de les ressusciter au quatorzième siècle ; il fit plus, il réclama la France entière, alléguant que la couronne lui appartenait du chef de sa mère Isabelle, comme petit-fils de Philippe-*le-Bel*.

Tels furent les motifs de cette déclaration de guerre à la suite de laquelle Edouard envahit la France, et remporta la victoire de Crécy où, pour la première fois, de l'artillerie fut employée sur un champ de bataille. Depuis la récente invention de la poudre de mine, on ne s'en était servi que dans les siéges. Cette explosion qui retentit à Crécy peut être considérée comme le glas de mort des institutions chevaleresques. L'art de la guerre allait subir toute une révolution (1346).

L'excès d'impétuosité perdit les Français dans cette journée qui eut pour sœur, sous le règne suivant, la funeste bataille de Poitiers. Encore d'héroïques imprudences, le roi Jean et ses chevaliers négligent l'avantage de la position ; au contraire, le fils d'Edouard, le prince de Galles, surnommé le *prince Noir* à cause de la couleur de son armure, profite de tous les accidents du terrain, et compense ainsi l'inégalité du nombre.

Toutefois le monarque français soutint noblement l'honneur de sa couronne ; debout sur ce champ de bataille jonché de cadavres, malgré le sang qui coulait de ses blessures il combattait encore, seul il semblait protester au nom de la France contre les désastres d'une journée, dont le *prince Noir*, son généreux vainqueur, lui décerna toute la gloire (1356).

Mais il était captif, mais la Tour de Londres l'attendait; il n'en sortit que pour signer le funeste traité de Bretigny (1360); encore ne jouit-il pas longtemps de sa liberté : un des otages qu'il avait laissés en Angleterre revint furtivement en France, Jean se rendit à Londres en disant que *la bonne foi, exilée de la terre, devrait se réfugier au cœur des rois.*

Il mourut sur un sol étranger, et le dauphin, qui, pendant la captivité de son père, avait eu à lutter contre des difficultés sans cesse renaissantes, répara sous le nom de Charles V, dit *le Sage,* tous les maux de la France.

Comme son père et son aïeul, il ne s'exposa point aux chances des batailles, mais il remit à Bertrand Du Guesclin l'épée de connétable; les Anglais vaincus, les grandes compagnies cessant leurs ravages pour aller placer Henri de Transtamare sur le trône de Castille, les défaites de Crécy, de Poitiers, noblement vengées, tels sont les titres de ce Du Guesclin, sur le cercueil duquel l'ennemi déposait les clefs d'une ville assiégée. Son dernier soupir fut encore une victoire. Et pendant que le héros breton couvrait ainsi la France de son bouclier, Charles V, du fond de son cabinet, cicatrisait les blessures du royaume, affermissait l'administration de la justice, favorisait l'agriculture, le commerce, les sciences, r'ouvrait des sources de prospérité depuis longtemps taries. Mais il meurt deux mois après son fidèle connétable (1380), tout change; à Charles V le *Sage* succède Charles VI l'*Insensé* (1380.

La démence de ce malheureux roi ne se déclara qu'en 1392; les maisons d'Orléans et de Bourgogne en profitèrent pour laisser éclater leurs rivalités si funestes à la France, et dont l'Angleterre recueillit les fruits. Les trahisons de la reine, Isabeau de Bavière, vinrent encore compliquer l'horreur de cette situation. Dans la haine aveugle qu'elle portait à son fils, au dauphin, cette mère dénaturée le fit déshériter par Charles VI. Henri V de Lancastre fut nommé régent du royaume de France, et Henri VI en fut proclamé souverain.

Au nom d'un prince anglais, le duc de Bedford gouvernait Paris ; le dauphin s'endormait dans la mollesse, il ne lui restait plus que Bourges, Chinon, Poitiers; déjà il songeait à se retirer dans cette province du Dauphiné, léguée par Humbert à Philippe de Valois à condition que l'héritier de la couronne de France portât le titre de dauphin : c'en était fait de l'indépendance de la nation française. Une femme sauva le pays.

A la cour du dauphin paraît une jeune fille, née auprès de Vaucouleurs. Elle obéit à une mission divine, elle a quitté sa famille, son humble chaumière, ses campagnes natales; une voix prophétique lui a ordonné de marcher contre les Anglais. De savants théologiens l'interrogent, elle leur répond avec autant de candeur que de modestie. Elle se rend à Orléans, force les Anglais de lever le siége de cette place importante; l'enthousiasme a ranimé le courage des Français, ils marchent de victoire en victoire: qui oserait rester en arrière quand une femme, quand Jeanne d'Arc s'avance la première au combat. Mais elle ne verse pas le sang humain, elle frappe du plat de l'épée, se contentant d'exposer ses jours, de donner l'exemple. Le dauphin vient se mettre à la tête de l'armée; et la vierge inspirée montre en perspective le sacre de Reims, comme le complément de tant de succès. A ce sacre elle paraît debout sur les marches de l'autel ; et l'huile sainte a coulé sur le front de Charles VII. Puis Jeanne demande à retourner auprès de son père, de sa mère, de ses jeunes sœurs ; elle veut rentrer dans son obscurité ; le roi s'y oppose ; elle se résigne, et auprès de Compiègne tombe au pouvoir des Bourguignons qui la vendent aux Anglais. Bedford la fait paraître devant des juges, ou plutôt devant des bourreaux. Accusée de sortiléges, elle se défend avec la candeur de l'innocence, avec l'éloquence de la vérité ; mais sa perte est résolue ; le bûcher s'allume à Rouen, elle y monte, et son âme, dégagée des liens de la terre, s'élance vers le ciel (1431).

L'impulsion est donnée, la victoire continue à suivre les drapeaux de Charles VII ; partout repoussés, les Anglais ne possèdent plus en France qu'une seule ville, Calais, dont le nom rappelle le généreux dévouement d'Eustache de Saint-Pierre et de ses nobles compagnons en 1347, et en 1558 un des plus beaux faits d'armes du duc François de Guise.

Maintenant Charles VII est vraiment roi; dans ses mains se concentrent tous les éléments du pouvoir: la justice, l'armée, les impôts. Les parlements rendent leurs arrêts en son nom; dix-sept compagnies d'ordonnance sont formées et n'obéissent qu'au souverain; c'est lui qui perçoit la *taille*.

Cette royauté moderne agrandit encore son cercle d'absorption sous Louis XI, sous le monarque politique, sous le monarque niveleur qui jette à son grand-prévôt les plus hautes têtes de la noblesse; les Génois se donnent à lui, et *il les donne au diable;* avant de songer à étendre sa domination hors de la France, il veut d'abord qu'elle soit solidement assise sur la France. A ses cruautés calculées, il mêle les plus étranges superstitions. Supérieur à tous les princes contemporains, il a, quand il le faut, le courage des batailles; mais au-dessus des chances incertaines de la guerre, il place les ressources de la politique. Ainsi avec Edouard IV il achète la paix; et d'un autre côté il profite de toutes les fautes de Charles-*le-Téméraire*. Le peuple ne lui inspire nulle sympathie, mais il ne veut pas que les grands l'oppriment; il veut être roi; pour réaliser ce titre, pour exercer vraiment le pouvoir, rien ne lui coûte: ni efforts, ni sacrifices (1461-1483).

Vienne maintenant Charles VIII, dont la gloire d'Alexandre de Macédoine troublait le sommeil, il n'aura qu'à frapper du pied le sol français pour en faire sortir cette brillante armée, ces canons de bronze avec lesquels il franchit les Alpes, épouvante l'Italie, et soumet le royaume de Naples où il décore son jeune front de la couronne d'empereur d'Orient. Mais une grande ligue s'organise dans le nord de la péninsule pour lui fermer le chemin de ses états; il quitte Naples, éparpille ses troupes pour garder sa conquête, et avec neuf mille hommes seulement attaque à Fornoue une armée quatre fois plus nombreuse, les Italiens sont écrasés, et Charles VIII vient, à la fleur de l'âge, mourir au château d'Amboise après avoir rouvert à son peuple l'accès de cette Italie, dont l'exemple doit ranimer en France le flambeau des lettres et des arts. Précisément, Louis XI avait préparé à la pensée les moyens de ne plus mourir; il avait favorisé cette merveilleuse industrie de l'imprimerie à ses premiers essais; ce monarque, qui tendait une main amie à Philippe de Comines, s'était empressé d'accorder l'hospitalité à la découverte de ce Jean Guttenberg dont Mayence et Strasbourg se glorifient d'être le berceau.

Avec Charles VIII s'éteint la première branche des Valois; un prince de la maison d'Orléans règne sous le nom de Louis XII, et mérite le plus beau titre : celui de *Père du peuple;* il trouve en même temps un ministre digne de le seconder : le cardinal d'Amboise. Il y a là de quoi compenser le souvenir des malheureuses guerres soutenues par Louis XII pour s'emparer du Milanais et du royaume de Naples, guerres où la fortune ne commença par sourire à ses armes que pour le tromper ensuite plus cruellement.

Après ce règne de transition, voici le chef de la seconde branche des Valois, voici François Ier, le héros de Marignan qui se faisait armer chevalier par Bayard; le rival de Charles-Quint, qui datait de Pavie ce billet sublime pour un vaincu : « *Tout est perdu fors l'honneur.* » Ce même roi qui disait qu'une *cour sans femmes est une année sans printemps, un printemps sans roses,* honorait par un hommage poétique la mémoire de la belle Laure, de l'amante de Pétrarque; il appelait auprès de lui Erasme, et l'invitait à venir diriger le collége de France; il récompensait noblement Raphaël, chargeait le Primatice du soin de bâtir ses palais, et accourait au lit de mort de Léonard de Vinci pour recueillir le dernier soupir du grand artiste.

Sans doute il commit des fautes, sans doute on voudrait retrancher de sa vie ces heures où il assistait au supplice de malheureux protestants dévorés par les flammes; mais, à côté de ces fautes, que de traits de courage, que de grandeur d'âme à Madrid dans la captivité, quel caractère vraiment français! Et puis souvenons-nous de la puissance du rival de François Ier; suivons le développement de l'Espagne de Ferdinand et d'Isabelle, que le génie aventureux de Christophe-Colomb dote d'un monde ; n'oublions pas que don Carlos réunit au sceptre des Espagnes, aux trésors de l'Amérique, les possessions de la maison de Bourgogne, une partie de l'Italie et enfin l'empire d'Allemagne. Sans la résistance énergique de François Ier, l'Europe entière eût obéi à Charles-Quint.

L'Espagne a remplacé l'Angleterre ; elle presse, elle aiguillonne la France. Philippe II à son début doit au génie d'Emmanuel-Philibert de Savoie la victoire de Saint-Quentin ; et du fond du monastère où s'est enfermé Charles-Quint après son abdication, il demande, le vieil empereur, si le roi d'Espagne n'est pas à Paris.

La France se lève menaçante, le duc de Guise prend l'offensive, et la paix de Cateau-Cambrésis vient l'arrêter au milieu de ses succès ; cette paix amène des fêtes que la mort tragique de Henri II enveloppe d'un crêpe funèbre (1559).

A côté de François II brille sur le trône Marie Stuart, dont la jeunesse, la beauté, les grâces et les talents autorisent les plus heureuses espérances, espérances cruellement démenties par les infortunes de cette reine qu'attend la hache de Fotheringay.

Mais les factions et les discordes désolent la France où Jean Calvin a propagé les doctrines de la réforme religieuse opérée en Allemagne par Martin Luther. Les princes, les grands, les savants se précipitent vers les idées nouvelles ; les savants y voient un moyen d'émanciper la pensée ; mais les princes et les grands, sous le masque d'une réforme religieuse, cachent leurs projets ambitieux ; ils veulent ressusciter le système féodal, anéantir l'autorité des rois qui sont enfin *hors de page,* selon l'expression de François Ier.

Tout semble seconder ces projets ; la guerre civile éclate, guerre impie où l'on combat au nom d'un culte d'amour et de paix : Charles IX est sur le trône, Catherine de Médicis règne sous le nom de son fils ; à elle seule l'épouvantable responsabilité des massacres de la Saint-Barthélemy. C'est dans les annales domestiques des Médicis, écrites avec du sang et du poison, qu'il faut aller chercher la première idée de ce grand attentat imposé à la faiblesse de Charles IX par le funeste génie de sa mère. Mais les remords ont tué Charles IX; le duc d'Anjou, le vainqueur de Jarnac et de Moncontour, quitte ce trône de Pologne où l'ont élevé les suffrages d'un peuple belliqueux, pour venir s'éclipser en France sous le nom de Henri III (1574).

A côté de ce prince, qui semble se plaire à démentir l'éclat de sa jeunesse, s'élève un rival, Henri de Guise, qui veut être roi, et ne sait oser qu'à demi; conspirateur timoré qui, avec l'appui de la religion et du peuple, avec la Ligue et les barricades, voit dénouer ses trames par quelques coups de poignard. Mais la tragédie du château de Blois a son dernier acte à Saint-Cloud : Henri III tombe à son tour sous le couteau de Jacques Clément; la France est sauvée, elle a pour roi Henri IV (1589).

VII.

DYNASTIE DES BOURBONS.

Henri de Bourbon, par la mâle éducation de son enfance, par les hauts faits de sa jeunesse, par la supériorité de ses talents, avait assez annoncé ce qu'il serait sur le trône; il surpassa encore les espérances qu'il avait fait naître. Son premier soin est d'abaisser l'Espagne, de tendre une main amie aux Provinces-Unies de la Hollande, et d'effacer dans ses états jusqu'à la dernière trace de la guerre civile. Par lui, avec lui, la France heureuse au dedans, respectée au dehors, acquiert chaque jour en Europe une plus haute influence; mais un horrible attentat frappe le grand homme au milieu des plus vastes projets (1610).

Qu'importe la faiblesse de Louis XIII, faiblesse qui se changeait en courage sur le champ de bataille? à côté du trône se trouve un de ces maires du palais qui savent à la fois triompher par la politique et par la guerre. A travers l'Allemagne, le cardinal de Richelieu se ligue avec Gustave-Adolphe ; le héros suédois lui sert à arrêter l'essor de l'empire, tandis que lui-même attaque la maison d'Autriche vers les Pyrénées. En même temps sa main de fer, poursuivant l'œuvre de Louis XI, s'appesantit sur la noblesse, renverse tout ce qui résiste, fauche toutes les têtes qui dépassent le niveau fixé, quitte à cacher le sang sous la robe rouge de cardinal. Puis comme un moissonneur qui a terminé sa tâche, amoncèle ses gerbes, il s'endort du dernier sommeil, avec la conscience des grandes choses qu'il a faites, avec la prévision des merveilles réservées au siècle de Louis XIV.

Vainement la *Fronde* cherche à copier la Ligue ; elle n'aboutit qu'à une mesquine parodie ; au moment où les factieux s'applaudissent d'un succès éphémère, Mazarin remporte un de ces triomphes qui fixent le rang d'une nation, il obtient le traité de Munster.

Et maintenant, lorsque luiront les beaux jours de Louis XIV, comment décrire le grand siècle, comment peindre tous les genres de gloire se réunissant pour ennoblir la France ? Les âges si vantés de Périclès, d'Auguste, de Léon X s'éclipsent devant un âge qui à lui seul les reproduit tous les trois. Au sceptre des lettres et des arts s'unit le glaive des combats ; d'un côté, Condé, Turenne, Créquy, Luxembourg, Catinat, Villars, Vendôme, Vauban ; de l'autre, Duquesne, Tourville, Duguay-Trouin, Forbin, Jean-Bart.

De ce long et beau règne, on voudrait pouvoir retrancher une page, la *révocation de l'édit de Nantes :* car les malheurs de la vieillesse de Louis XIV sont encore un titre pour la France. Elle est imposante la figure de ce roi qui avait créé Versailles, uni les deux mers, fécondé le génie de tant d'artistes supérieurs, de tant d'écrivains sublimes ; elle est imposante la figure de ce roi ordonnant au maréchal de Villars de se confier à lui seul, s'il est vaincu, et lui disant : « Votre lettre à la main, je ferai un appel au courage des Français, je la lirai aux Parisiens, puis j'irai vous rejoindre et m'ensevelir avec vous sous les ruines de la monarchie. »

Villars répondit par la victoire de Denain. Immenses ont été les résultats du règne de Louis XIV ; les faiblesses de ce monarque ont elles-mêmes un caractère de grandeur ; et l'histoire, malgré son inflexible sévérité pour les maîtresses des rois, ne peut s'empêcher de donner une larme à cette tendre La Vallière qui fut consolée dans son abandon par l'éloquente voix de Bossuet.

La France actuelle est encore par ses limites la France de Louis XIV ; de nos jours, comme sous le grand roi, il n'y a plus de Pyrénées.

Tous les résultats obtenus, l'habile régence du duc d'Orléans sut les maintenir pendant la minorité de Louis XV. Le duc d'Orléans, qui avait combattu avec éclat à Mons, à Steinkerque, à Nerwinde, en Italie, en Espagne, et dont les succès militaires avaient inspiré quelque ombrage à Louis XIV, le duc d'Orléans eut le courage de préférer la paix à la guerre. La protection qu'il accorda au système de Law aurait pu devenir la source d'une immense prospérité, si l'on eût mieux compris les avantages d'un système qui tendait à faire descendre du gouvernement au peuple les ressources du crédit.

Malheureusement, le régent manqua trop vite à la jeunesse de Louis XV, qui ne put se bien former aux affaires. Toutefois le ministère du cardinal de Fleury opéra d'utiles réformes, de notables économies, et prépara la réunion de la Lorraine à la France.

Une partie du règne de Louis XV n'est dépourvue ni d'éclat, ni de grandeur ; c'est alors que les armes françaises interviennent en Pologne afin d'y maintenir sur le trône Stanislas Leczinscki : but généreux, dont l'importance dépassait les moyens employés. Moins noble fut la pensée qui ligua la France avec Frédéric de Prusse pour l'aider à ravir la Silésie à Marie-Thérèse. Maurice de Saxe et Chevert s'emparèrent de Prague, d'où l'armée française opéra ensuite une périlleuse retraite sous les ordres du maréchal de Bellisle. Mais la victoire d'Ettingen et la brillante campagne des Pays-Bas vient ranimer les Français qui ont bientôt à défendre l'Alsace contre l'invasion des troupes impériales. Au moment où il se rend en Alsace, le roi tombe malade à Metz ; ses jours sont en péril ; le désespoir éclate de toutes parts ; d'une voix unanime la nation le décore du surnom de *Bien-aimé*. Maurice de Saxe prélude par ses succès à l'immortelle victoire de Fontenoy, que suit bientôt celle de Raucoux ; puis l'invasion de la Hollande détermine la paix d'Aix-la-Chapelle (1747).

Désormais le malheur pèse sur les drapeaux de Louis XV qui, dominé par la funeste influence de madame de Pompadour, commence cette guerre de sept ans si favorable au développement de la Prusse et à l'ambition du grand Frédéric. Le traité de Fontainebleau complète tant de désastres en cédant à l'Angleterre le Canada, la Nouvelle-Ecosse, les comptoirs du Sénégal ; et à l'Espagne, la Louisiane. A la perte de ces colonies s'unit la décadence de la marine (1763).

Le sceptre de l'intelligence reste du moins aux Français : Voltaire, Montesquieu, Jean-Jacques Rousseau, Buffon continuent les traditions du grand siècle, et ouvrent aux lettres une voie nouvelle. Aussi le mouvement intellectuel dont Paris est le centre, la publication de l'*Encyclopédie*, les progrès des sciences, l'éclat des salons d'exposition jettent comme un voile sur les honteuses faiblesses du roi, sur l'abolition des parlements, sur les réductions de l'abbé Terray, sur toutes ces fautes, toutes ces turpitudes dont on se repose en pensant à la réunion de la Corse à la France, et à l'héroïque mort du chevalier d'Assas.

La France est sur le penchant de l'abîme ; il y a dans l'air je ne sais quoi d'étouffant et de lourd qui annonce l'orage ; les vieux ressorts de la monarchie, usés, vermoulus, craquent de toutes parts ; les mœurs ne viennent plus en aide au maintien des lois. Louis XV s'en aperçoit ; il pressent une explosion prochaine ; mais que lui importe, pourvu qu'il s'endorme jusqu'à son dernier jour au sein des voluptés ! Il se contente de plaindre son successeur.

Ce successeur, c'est Louis XVI, le roi vertueux, mais faible, qui doit expier, comme Louis-*le-Débonnaire*, tous les torts et toutes les fautes dont il est innocent. Et cependant, combien d'espérances autorisées par le début de son règne (1774) ! Quel enthousiasme entourait le monarque qui remettait à ses sujets le don de joyeux avénement, qui supprimait la torture de la question, abolissait dans le Jura les derniers vestiges de la féodalité, convertissait la corvée en impôt d'argent, et rétablissait les anciens parlements ! Des ministres comme Malesherbes et Turgot, une jeune reine, Marie-Antoinette, digne sang de Marie-Thérèse, une jeune reine, dont la grâce et la beauté captivaient tous les cœurs, une marine florissante, de généreux secours accordés aux insurgés de l'Amérique du nord, combattant pour leur émancipation : tout semblait garantir à la France les jours les plus heureux. Cette idée s'accrut encore lorsque la réunion des états-généraux succéda à la convocation des notables.

Cette réunion se change en assemblée nationale ; des courtisans se placent entre le roi et la France dont les représentants repoussent des ordres injurieux, et, par le serment du *Jeu de Paume*, s'engagent à ne point se séparer avant d'avoir doté le pays d'une constitution.

Le renvoi du ministre Necker, le mouvement progressif des troupes, les menaces de la cour irritent les Parisiens ; ils courent aux armes, la Bastille est prise ; ce n'est plus une révolte, c'est une révolution, d'abord pure, à laquelle s'associent tous les cœurs élevés, tous ceux qui rêvaient l'alliance de la monarchie et de la liberté ; mais les passions s'en mêlent ; des conseils imprudents égarent le monarque ; les princes et la noblesse commencent à émigrer ; bientôt l'Empire, l'Espagne, la Suisse, le Piémont se liguent contre la France révolutionnaire ; l'Europe entière va adhérer à ce traité, et l'assemblée législative qui remplace l'assemblée constituante passe des principes monarchiques aux principes républicains qui ne tardèrent pas à devenir anarchiques. Dans la journée du 10 août 1792, Louis XVI et Marie-Antoinette ont cessé de régner : ils sont captifs au Temple.

VIII.

RÉPUBLIQUE. — TERREUR. — DIRECTOIRE. — CONSULAT. — EMPIRE.

Le 22 septembre 1792 a vu proclamer la *république* française, et décréter Louis XVI d'accusation par l'assemblée législative transformée en Convention.

Le sang a coulé dans les prisons de Paris, les partisans de la révolution sont placés entre la victoire et la mort ; la victoire répond à leur audace ; Valmy devient le prélude de Jemmapes. Dumouriez sauve la France par la belle campagne de l'Argonne, il envahit ensuite la Belgique. Mais neuf cents communes se soulèvent en Vendée ; les haines s'exaltent ; le sang coule ; et l'infortuné Louis XVI, traduit à la barre de la convention, est condamné à mourir comme Charles Stuart.

Une tête de roi tombe sur l'échafaud ; un martyr s'élance vers le ciel. Mais là ne finit point cet épouvantable drame : il faut encore du sang ; il faut encore une royale victime aux hommes de la *Montagne*, à ces révolutionnaires impitoyables pour lesquels la liberté et l'égalité, au lieu de deux sœurs qui s'embrassent, ne sont que deux tigres qui se dévorent. La belle tête de Marie-Antoinette, cette tête dont les cheveux ont blanchi avant l'âge, doit être la proie du bourreau. Son fils aussi, le malheureux dauphin, que ses partisans saluèrent du titre de Louis XVII, il sera sacrifié, mais il ne mourra pas d'un seul coup ; ses persécuteurs lui feront subir une lente et cruelle agonie.

Après le supplice de la reine, de cette femme que la France avait environnée de tant d'hommages, devant laquelle Mirabeau lui-même s'était incliné en s'écriant : *La monarchie est sauvée !* après le supplice de la reine, un esprit de vertige s'empara des meneurs de la convention. Les républicains les plus dévoués furent proscrits ; un régime de terreur s'organisa, et étendit son joug sur toute la France. Ni la gloire, ni le civisme, ni la vertu, rien ne pouvait sauver ceux qui faisaient ombrage aux impassibles niveleurs, décidés à fonder sur des ruines et sur des cadavres la *régénération* d'un grand peuple.

Cependant l'héroïque Vendée combattait ; l'Europe entière en armes menaçait la révolution, les partis s'agitaient ; mais Carnot organisa la victoire ; des généraux improvisés, des soldats d'élan renouvelaient en quelque sorte la stratégie ; batailles et crimes, tout sortait des proportions ordinaires dans cette époque vraiment grande.

Enfin le 9 thermidor renversa Robespierre ; mais ses ennemis, en lui succédant, suivirent à peu près le même système ; les proscriptions continuèrent.

Comme Saturne, la révolution dévorait ses enfants ; girondins et montagnards périssaient également par l'échafaud. L'honneur, la liberté, la gloire s'étaient réfugiés dans les rangs des armées françaises qui environnaient d'une haie de lauriers les frontières de leur pays natal pour cacher à tous les regards les horreurs qui le désolaient. Les sections se soulevèrent contre la Convention qui confia le soin de la défendre à un des principaux acteurs du 9 thermidor, à Barras. Celui-ci s'adjoignit un homme qui devait bientôt l'éclipser, un de ces hommes nés pour commander, et qui prennent leur place dans les tourmentes populaires, dans les grandes commotions sociales.

C'était le jeune officier d'artillerie qui avait si puissamment contribué à la prise de Toulon, et que les événements du 13 vendémiaire an IV achevèrent de mettre en relief. Encore quelques jours, et Napoléon Bonaparte se révèlera tout entier.

Le directoire le nomme général en chef de l'armée d'Italie, il se sépare d'une épouse adorée, de cette Joséphine de Beauharnais, dont la France prononcera toujours le nom avec attendrissement ; il franchit les Alpes, et montre à son armée ce beau pays où l'attendent la victoire et l'abondance. Les souvenirs d'Annibal sont éclipsés.

Ce général de vingt-sept ans qui, dès son début, dépasse toutes les gloires contemporaines, et ne trouve de pairs que parmi ces hommes extraordinaires qui apparaissent à longs intervalles; ce général de vingt-sept ans triomphe à Montenotte, à Millesimo, à Mondovi, au pont de Lodi, entre vainqueur dans Milan d'où il s'élance pour remporter de nouvelles victoires à Castiglione, à Rivoli, sous les murs de Mantoue, sur les bords du Tagliamento; il dicte à Léoben les préliminaires de la paix qu'il conclut à Campo-Formio. La France et le Directoire ont un maître.

En effet, administration, finances, beaux-arts, tout est du ressort du génie de cet homme qui réunit tous les genres de supériorité. Tant de gloire, tant d'ambition font ombrage aux directeurs; ils accordent au conquérant de l'Italie une armée pour soumettre l'Égypte.

Deux des plus grands rois de l'ancienne monarchie avaient voulu faire une colonie française de la terre de Sésostris et de Ptolémée, saint Louis au treizième siècle, et Louis XIV, éclairé par les conseils de Leibnitz, semblaient guider les pas du général Bonaparte. L'Orient attendait un homme, il s'y rendit; mais à côté de la conquête guerrière marchaient les pacifiques conquêtes de l'intelligence et de la civilisation. Plus d'espoir de retour; la flotte française est anéantie par les armes de l'Angleterre; le général en chef veut renouveler les merveilles d'Alexandre; il veut comme le Macédonien marcher vers les bords du Gange, il veut aller dans l'Hindostan porter un coup mortel à la puissance britannique; la résistance de Saint-Jean-d'Acre l'arrête; la peste décime ses guerriers; puis il apprend les fautes du Directoire, les malheurs de la France, il faut une main ferme pour sauver la république. Aussitôt il quitte l'Égypte, échappe aux croisières anglaises, débarque à Fréjus, et vient à Paris demander compte au Directoire des armées, des trésors, de la sécurité publique.

A cette question, Napoléon se charge lui-même de répondre par le coup d'état du 18 brumaire an VIII, qui renverse un pouvoir sans force, et crée trois consuls. Bonaparte est le premier des trois consuls, il le devient à vie, puis sans avoir besoin de franchir le Rubicon, sans en appeler au glaive, de l'aveu de la France entière, il relève le trône abattu, il rétablit les formes monarchiques, il frappe de mort cette république qui n'est ni dans les mœurs ni dans les intérêts de la France, et le souverain pontife vient sacrer le nouvel empereur dans la cathédrale de Notre-Dame de Paris (1804).

Qui aurait murmuré lorsque le premier consul avait apaisé les discordes, rouvert les temples, fait refleurir l'agriculture et le commerce, ramené la victoire sous les drapeaux français, lorsque l'anarchie s'était enfuie à sa voix, lorsqu'il venait de créer la merveilleuse institution de la Légion-d'Honneur, et que lui-même s'était mêlé aux discussions du conseil d'état pour la rédaction de ce Code qui, mieux que les lois de Justinien, mérite d'être appelé la *raison du monde écrite.*

Mais la guerre continue : le Charlemagne du dix-neuvième siècle se complaît dans ce jeu des batailles, où il peut déployer son génie et ses illuminations. D'ailleurs l'Angleterre, son inflexible rivale, ne lui laisse pas un instant de repos, elle lui suscite sans cesse de nouveaux ennemis. Vainement il la menace de ce camp de Boulogne d'où la grande armée dévore du regard le rivage opposé ; les flots de l'Océan arrêtent l'essor de l'aigle impériale ; mais elle se dirige sur Ulm pour fondre menaçante sur le champ de bataille d'Austerlitz.

En même temps, les sciences parviennent au plus haut point de développement ; la France se couvre de monuments, les Alpes s'aplanissent : en prenant l'aigle pour emblème ; Napoléon s'est constitué l'héritier du génie de Rome, il est roi d'Italie, il joint au diadème impérial la couronne de fer des monarques lombards, il crée une dynastie, et jette ses frères sur des trônes.

Dans ses campagnes de Pologne, de Prusse, la fortune le favorise ; mais il apprendra à en connaître l'inconstance en Espagne, en Portugal, pour en éprouver toutes les faveurs dans cette rapide campagne où les victoires de Ratisbonne, d'Essling, de Wagram réduisent l'empereur d'Autriche à donner la main d'une archiduchesse au soldat couronné qui n'a pour aïeux que ses triomphes.

Un divorce va reléguer à Malmaison cette Joséphine dans laquelle la France se plaisait à voir l'ange tutélaire de Napoléon. Elle se résigne en pleurant à son sort, et son fils, le prince Eugène, n'en demeure pas moins fidèle au souverain qui a répudié sa mère.

Cependant l'archiduchesse Marie-Louise suit la route qu'avait jadis parcourue Marie-Antoinette; l'empire de Napoléon est encore plus beau que le royaume de Louis XVI; mais quelles terribles destinées attendent à vingt et un ans de distance ces deux filles des Césars! Pourtant il y eut une heure bien belle dans l'existence de l'impératrice Marie-Louise, heure d'ivresse, d'exaltation, d'enthousiasme, alors que Napoléon tenait dans ses bras le fils que venait de lui donner son auguste compagne, alors que, remontant aux jours des Tarquins, il saluait cet enfant du titre de roi de Rome, et pour hochet lui jetait dans son berceau la couronne de la Ville Éternelle. Le canon des Invalides tonnait dans Paris; au vingt-deuxième coup, un cri partit de toutes les poitrines; l'avenir semblait à jamais appartenir à la dynastie de Napoléon; Dieu lui-même s'était prononcé.

Brillantes illusions démenties par les épouvantables désastres de la campagne de Russie, tandis que l'Espagne s'agitait convulsive, qu'elle se levait comme un seul homme, et chaque haie, chaque arbre, chaque fossé cachait un ennemi. C'en est fait : le sacrifice du patriotisme est consommé; le vieux palais du Kremlin s'écroule dévoré par les flammes; Moscou n'offre plus d'asile à l'armée française; les frimas secondent l'énergique résistance des Russes; Alexandre a sauvé son trône et ses peuples.

L'Europe se coalise; pour prolonger la lutte, la France épuise ses dernières ressources; l'Étoile de Napoléon brille encore aux champs de Lutzen et de Bautzen; mais c'est au nom de la liberté qu'on l'attaque, et les Français ne combattent plus que pour satisfaire l'ambition d'un homme et de sa famille. Les chants de Kœrner, du Pindare de l'Allemagne, exercent sur les armées de la coalition l'ascendant qu'exerçaient sur les Français les hymnes des guerres de la révolution. Le sol sacré est envahi; vainement Napoléon multiplie les inspirations de son génie; il tombe, mais en héros, après avoir surpassé par sa dernière campagne les prodiges de sa vie militaire.

IX.

RESTAURATION. — 1814. — 1815. — 1830.

Pendant que Napoléon abdiquait à Fontainebleau cette couronne qu'il ne voulait pas défendre en sacrifiant des flots de sang français, un frère de Louis XVI, du roi martyr, se présentait avec la déclaration de Saint-Ouen, base fondamentale de la charte. Après tant de malheurs et tant de gloire, le vaisseau de l'état s'abritait enfin dans le port des libertés constitutionnelles. Fatiguée de combats, la France respirait; elle fraternisait avec l'Europe; la paix rapprochait ces peuples, la veille encore acharnés à se déchirer, et qui comprenaient qu'ils n'avaient plus à lutter que dans le champ paisible de l'intelligence et de l'industrie.

Mais autour de Louis XVIII, du roi législateur, se trouvaient des partisans obstinés du passé; des hommes qui avaient traversé en aveugles les longues agitations, les phases sanglantes de la révolution, et qui ne sentaient pas que Dieu seul peut ordonner aux fleuves et aux peuples de remonter vers leur source. Des imprudences furent commises, des méfiances excitées, des craintes éveillées; la France n'en accusait pas son roi; elle lui rendait justice; mais ce roi avait une santé faible, chancelante, on redoutait de le perdre, et de perdre avec lui cette charte, achetée au prix des plus douloureux sacrifices.

De l'île d'Elbe, que les souverains coalisés lui avaient assignée pour résidence, Napoléon observait ce qui se passait dans son ancien empire; il résolut de se présenter, de dire aux Français: « Me voilà! je viens vous rendre la sécurité; je viens vous gouverner selon les principes de la révolution. »

Ce projet étonnant fut couronné par la réussite; il débarqua au golfe Juan avec quelques centaines d'hommes; et, sans combats, sans avoir versé une seule goutte de sang, il marcha sur Paris, où, après quelques jours qui suffirent pour renverser une monarchie dans toute sa force, il remplaça aux Tuileries Louis XVIII qui venait de fuir.

Malgré les déclarations de l'empereur, exprimant sa volonté de maintenir la paix, l'Europe se coalisa de nouveau; il fallut se préparer à la guerre; Napoléon le fit avec l'activité, avec l'ardeur de ses jeunes années. Mais un premier avantage obtenu par ses armes se démentit dans la funeste journée de Waterloo, tombe glorieuse dont Cambronne s'est chargé de formuler l'épitaphe, digne du génie de Sparte: « La garde meurt et ne se rend pas. »

Après cette déplorable défaite, Napoléon abdique en faveur de son fils, et redemande en vain pour quelques heures l'autorité militaire, afin de venger les désastres de Waterloo. La fuite est sa dernière ressource, il se rend à Rochefort, et, au lieu de voguer vers les États-Unis où l'attendait une généreuse hospitalité, il se livre à l'Angleterre: confiance sublime que le ministère britannique punit par le dévorant exil de Sainte-Hélène, où le héros va lentement mourir du supplice de Prométhée.

Cependant Louis XVIII revient dans le palais de ses pères; et sa sagesse, d'accord avec l'activité des Français, s'occupe à réparer les malheurs d'une double invasion. Dès *1815* s'ouvre une ère de pacifiques conquêtes, de merveilleux efforts; initié au mouvement de la vie parlementaire, le pays semble prendre une force nouvelle. Les anciens préjugés de peuple à peuple s'effacent et disparaissent pour être remplacés par une sympathie généreuse, réalisant ces mots sublimes de Térence: « *Je suis homme, et rien de ce qui intéresse les hommes ne m'est indifférent.* » Les nations ont aussi leur *sainte-alliance.*

La paix de l'Europe est à peine troublée par cette courte expédition d'Espagne, qui montre en 1823 que, quel que soit leur drapeau, les Français ont toujours le même courage.

L'agriculture florissante, les progrès des sciences, des lettres, des arts, les découvertes continuelles de l'industrie, l'essor du commerce, l'accroissement de la population, un bien-être inouï descendant aux dernières classes de la société : tels sont les résultats qui recommandent le règne de Louis XVIII; il meurt en 1824, heureux de son ouvrage, mais alarmé sur l'avenir.

Toutefois le règne de Charles X s'ouvre sous les plus riants auspices; il semble s'attacher à suivre l'exemple de son auguste frère; et les serments de Reims garantissent aux Français le maintien de la Charte. Un instant même, le ministère Martignac opère la plus heureuse fusion.

Mais un nouveau cabinet éveille de vives inquiétudes par des tendances rétrogrades; la charte est le palladium de la France, l'arche de salut à laquelle on ne peut toucher sans exciter de nouvelles tempêtes; les conseillers de la couronne l'oublient, et dans quels moments? — Quand tous les cœurs généreux palpitaient d'une sainte ivresse; quand il n'y avait pas assez d'acclamations pour célébrer la conquête d'Alger, la délivrance de la Méditerranée, la chute de ce nid de vautours et de forbans qui, depuis trois siècles, déshonoraient l'humanité. Pour accomplir cette magnifique conquête, dans laquelle avait échoué la puissance de Charles-Quint, vingt et un jours avaient suffi à l'armée et à la flotte françaises, à ces guerriers déjà immortalisés par la victoire de Navarin et par la délivrance de la Morée. Un continent plus vaste que la France était soumis sur les côtes de l'Afrique; à quelques lieues de Marseille s'ouvraient pour les colons français les ressources et les trésors d'une terre inépuisable.

Et tout à coup les chants de triomphe se changent en cris de deuil. Les serments de Reims sont oubliés, la charte est déchirée; Paris court aux armes comme dans cette journée de juillet où la colère du peuple renversa la Bastille. Le sang coule, les barricades s'élèvent menaçantes dans les rues; les masses l'emportent sur la discipline; et les Stuarts français partent pour l'exil; ils vont s'abriter au milieu des grandeurs éclipsées d'Holyrood.

Après trois jours de combat le peuple se reposait dans sa force. Qu'allait devenir la France? le mot seul de république épouvantait; il rappelait de douloureux souvenirs; il rappelait les longues épreuves imposées par un système que repoussent les habitudes élégantes d'une nation essentiellement monarchique, les besoins du luxe, les intérêts du commerce.

On avait fait table rase; sur cette table on écrivit le nom de Louis-Philippe d'Orléans, d'un petit-fils de Henri IV; ce nom était mieux qu'une espérance, c'était un symbole. Il s'était associé à la gloire de Jemmapes, il redisait toute une existence de dévouement; il résumait les vertus royales et privées : ce nom désarma les ressentiments, rapprocha les partis, fit vibrer à l'unisson tous les cœurs.

La France entière applaudit à la décision de Paris; elle s'y associa avec transports; car elle comprenait que l'abîme des révolutions était fermé à jamais, grâce à l'alliance de la royauté et de la liberté opérée par l'avénement de LOUIS-PHILIPPE D'ORLÉANS.

Sans anticiper sur les jugements de la postérité, en considérant les événements accomplis depuis 1830, on peut dire qu'il a fallu une haute sagesse pour gouverner la France, encore convulsive et bouillonnante après ces trois jours qui ont suffi à décrire le cercle entier d'une révolution. Effectivement, la fougue des passions n'avait pas eu le temps de se calmer; et l'on pouvait redouter pour les fils ces luttes, ces combats, ces réactions qui ont troublé l'existence des pères depuis 1793 jusqu'en 1799. Certes, c'est un beau titre pour Louis-Philippe que d'avoir comprimé les éruptions du volcan populaire sans se jeter dans les chances funestes de la guerre étrangère, sans avoir employé à l'intérieur des lois exceptionnelles, armes à deux tranchants aussi dangereuses pour le souverain qui s'en sert que pour les peuples contre lesquels on les dirige.

La paix de l'Europe n'a pas été troublée ; et une alliance intime entre la France et l'Angleterre a effacé jusqu'au dernier vestige de ces longues et sanglantes rivalités entre deux pays qui n'entretiennent plus qu'une généreuse émulation au profit du commerce, de l'industrie, et du développement des intelligences. Et ce n'est pas seulement l'Angleterre qui donne la main à la France pour établir une rapide communication d'idées d'un rivage à l'autre, pour jeter comme un pont radieux sur le détroit; tous les peuples prennent part à ce mouvement sympathique qui abaisse une à une les vieilles barrières, détruit les préjugés, enlève aux nationalités respectives leurs instincts de répulsion, leur cortége de haines, et rend un grand homme citoyen du monde entier.

Sous l'empire de cette croyance qui a passé dans l'ordre des faits, Paris est devenu plus que jamais le foyer d'une immense activité intellectuelle; ainsi que dans la fournaise où coulent en ruisseau de feu les métaux embrasés, ainsi toutes les opinions, tous les systèmes se sont trouvés en contact et presque en fusion dans cette grande cité qui a pesé de tout son poids sur la nationalité française, et qui presque toujours la teint de sa couleur.

En même temps par l'éclat de sa parure, par la magie de ses constructions, par ses monuments achevés, par ceux qui sont commencés, Paris a de plus en plus répondu à sa haute importance. Toutefois la vie en affluant au centre ne s'est pas retirée des divers rayons de la circonférence. Au contraire, il y a eu pour tous les départements français un redoublement d'efforts, et les résultats ne se sont pas fait attendre. Viennent maintenant les grandes lignes de chemins de fer qui doivent anéantir le temps et l'espace, il en sortira une ère nouvelle! L'âge d'or que les poëtes s'obstinaient à reléguer dans le passé, se déroulera dans la magique perspective d'un avenir rapproché; âge d'or produit par le travail, par les progressives conquêtes des sciences et de l'industrie, préparant ce triomphe sans *insulteurs* auquel applaudissent tous les cœurs généreux qui joignent le sentiment du patriotisme à la religion de l'humanité.

Mais cette époque vraiment utilitaire dans laquelle la France est entrée, mais ces abstractions de la science, ces échanges du commerce, ces découvertes de l'industrie, n'ont nullement tué les suaves jouissances des lettres et des arts pour nous condamner à l'existence des castors.

Si notre âge n'a pas bâti Versailles et ses pompeuses merveilles, cadre digne du tableau du grand siècle, du portrait du grand roi; un neveu de Louis XIV a voulu faire du palais d'une dynastie le temple de nos gloires nationales. La gloire, cette royauté à l'impérissable couronne, pouvait bien s'abriter sous ces plafonds où Lebrun laissait courir son pinceau.

Une foule muette, mais dont le silence a de sublimes enseignements, une foule d'élite, embrassant quatorze siècles consécutifs, depuis les rois chevelus jusqu'à nos jours, est venue peupler les magnifiques galeries de Versailles. Pas une illustration n'a manqué à ce rendez-vous de la vaillance, du patriotisme, du génie, de la vertu, de la beauté. Et tandis qu'une volonté royale complétait ainsi les destinées de Versailles, disant au pinceau du peintre, au ciseau du sculpteur de préparer leur offrande; une fille de roi se révélait au monde artiste par un chef-d'œuvre; elle animait un bloc de marbre, et vengeait Jeanne d'Arc du bûcher de Rouen, des outrages de Voltaire.

Ce palais de Versailles, transformé en Panthéon français, ces siècles en quelque sorte ressuscités à l'aide de l'image des grands hommes, des femmes célèbres qui les caractérisent, cette histoire monumentale! voilà de quoi prouver les goûts élevés et sérieux qui appartiennent à notre époque.

Littéraire au dix-septième siècle, philosophique au dix-huitième, la France est aujourd'hui spécialement adonnée aux études historiques. Il en arrive toujours ainsi après les âges d'agitations et de fermentations. Tant qu'on marche on garde le silence; mais une fois arrivé au terme de la route, le voyageur regarde en arrière, et raconte ce qu'il a vu, ce qu'il a éprouvé. Après l'action, le récit.

Certes ce récit ne manque pas d'éléments que l'histoire doit recueillir pour les consigner sur ses tables d'airain. Anvers, Ancône, Mascara, Constantine, Saint-Jean-d'Ulloa, voilà pour les souvenirs militaires auxquels se rattachent d'une manière si brillante les noms du duc d'Orléans, du duc de Nemours, du prince de Joinville, si dignes tous les trois du haut rang où le ciel les a placés, et que leurs jeunes frères brûlent d'imiter.

Ainsi les progrès de l'industrie et les développements du système représentatif, approfondissant ses racines dans le sol et dans les mœurs, n'ont nullement affaibli chez les Français de notre époque contemporaine le vieil instinct belliqueux des Gaulois et des Francks. Au fond de la coupe de porphyre de la civilisation fermente toujours la liqueur des âmes généreuses; mais cette liqueur ne produit plus l'ivresse : car l'humanité règle les inspirations de la gloire et l'exaltation du patriotisme.

FIN DE L'HISTOIRE DE FRANCE.

Imprimerie SCHNEIDER et LANGRAND, rue d'Erfurth, 1.

www.ingramcontent.com/pod-product-compliance
Lightning Source LLC
LaVergne TN
LVHW020036170826
845678LV00001B/276